李清照词传

一枝折得，天上人间

飞雪情 著

中国出版集团 现代出版社

图书在版编目（CIP）数据

一枝折得，天上人间：李清照词传 / 飞雪情著. -- 北京：现代出版社，2020.6

ISBN 978-7-5143-8652-3

Ⅰ.①一… Ⅱ.①飞… Ⅲ.①李清照（1084-约1151）-传记②李清照（1084-约1151）-宋词-诗歌欣赏 Ⅳ.①K825.6②I207.23

中国版本图书馆CIP数据核字（2020）第090930号

著　　者　飞雪情
责任编辑　杨学庆
出版发行　现代出版社
地　　址　北京市安定门外安华里504号
邮政编码　100011
电　　话　010-64267325 64245264（传真）
网　　址　www.1980xd.com
电子邮箱　xiandai@cnpitc.com.cn
印　　刷　三河市金泰源印务有限公司
开　　本　880mm × 1230mm 1/32
印　　张　7.5
字　　数　149千字
版次印次　2020年10月第1版　2021年9月第2次印刷
标准书号　ISBN 978-7-5143-8652-3
定　　价　39.80元

李清照

序：一场绚烂花事

喜欢于子夜时分，寻一首雅致的曲子，然后任由思想天马行空。

这时，必定捧着一本清丽的宋词，在字里行间沉醉不已。

扉页上典雅的写意画仿佛散发着浓浓的墨香，醉了每一位过往的游人，勾起心头几多沉淀的往事。

一个人就是一段历史，一段历史就是一个故事，一个故事就是长长的一生。翻开历史泛黄的书页，繁花似锦，而我独爱宋朝那蒙蒙的烟雨。

岁月悠长，拂去历史厚厚的尘埃，那一首首古老的诗词，虽然隔着千年的光阴，但依然如泣如诉，向我们倾诉着那一场场悲欢离合的恋情。

站在历史长河的岸边，隔着层层雾霭，时光仿佛就在一瞬间倒流，画面如胶片一般匆匆闪过，那一张张或娇媚或英武的面容，逐渐清晰了起来。

宋词，是心头的一片柔情，隐藏在放荡不羁的外表之下。

也只在夜深人静时，和着一杯清酒，击节高歌，借皎洁的月光，泼墨于苍白的人生画卷之上，绽放出朵朵娇艳的生命。

春色三分，二分尘土，一分流水。细看来，不是杨花，点点是离人泪。

李清照是宋词的代表人物之一。她的诗歌、散文和词学理论都能独树一帜。她就像是历史长河里的一抹亮光，惊艳了世人的目光。

李清照一生颠沛流离，从少女时期的万千宠爱集一身，“常记溪亭日暮，沉醉不知归路。兴尽晚回舟，误入藕花深处。争渡，争渡，惊起一滩鸥鹭”。到新婚后的甜蜜喜悦，“晚来一阵风兼雨，洗尽炎光。理罢笙簧，却对菱花淡淡妆。绛绡缕薄冰肌莹，雪腻酥香。笑语檀郎：今夜纱厨枕簟凉”。再到晚年的“寻寻觅觅，冷冷清清，凄凄惨惨戚戚。乍暖还寒时候，最难将息。三杯两盏淡酒，怎敌他、晚来风急？雁过也，正伤心，却是旧时相识”，她的诗词很好地诠释了她的一生。

传奇的背后也许只是一个普通的故事，那些过往静静地躺在岁月的褶皱里，等待时间的慰藉和流传。

目 录

第三卷　物是人非事事休

第五卷　十年生死两茫茫

第一卷　所谓伊人，在水一方

——豆蔻年华

陌上花开，桃之灼灼，明水湖畔波光潋滟，分外醉人。随着一声响亮的啼哭，一个女孩降临在山东章丘明水湖畔。她明眸皓齿，软玉温香，一颦一笑间尽显灵动与婉约。她聪慧颖悟，才华过人，自幼便有诗名，所写诗词慷慨大气、才力华赡，留下多首千古佳句，被誉为“千古第一才女”。

第一节　李家有女初长成

常记溪亭日暮，沉醉不知归路。兴尽晚回舟，误入藕花深处。争渡，争渡，惊起一滩鸥鹭。

——《如梦令》

青梅煮酒，与一轮圆月，一首古琴曲相伴，在浩渺的历史长河中去寻觅那样一段时光，那样一个女子，那样一段诗词，仿若时光就此定格，留在眼前的画面只有你“和羞走，倚门回首，却把青梅嗅”的娇俏模样。

那一季，山东章丘青砖碧瓦，古柳成荫。明水湖波光潋滟，如少女含情的双眸，在微微细雨中闪烁着古朴的光芒，点燃了小镇所有的故事。

宋神宗元丰七年（1084），太平日久，时令交替，春风送暖，最先绿的当属明水湖畔的垂柳，出落得娇艳欲滴，桃之夭夭，灼灼其华，更有百鸟争鸣，好一幅春的盛景。

此时正值北宋盛世，汴京的街头软红香土，车水马龙。

汴京的繁盛被许多史书所记载。例如，文人孟元老就曾在《东京梦华录》里这样写道：“举目则青楼画阁，绣户珠帘。雕车竞驻于天街，宝马争驰于御路，金翠耀目，罗绮飘香。新声巧笑于柳陌花衢，按管调弦于茶坊酒肆。八荒争凑，万国咸通。集四海之珍奇，皆归市易；会寰区之异味，悉在庖厨。花光满路，何限春游，箫鼓喧空，几家夜宴。伎巧则惊人耳目，侈奢则长人精神。”

开封曾有过很多的名字，但哪一个名字都抵不过“汴京”二字，繁华的御街，壮观的大相国寺，巍峨的宫墙，都让人仿佛梦回昨日的汴京。一切如旧，岁月安好。

自古太平盛世人才辈出，北宋被誉为“文人心目中的天堂”，舞文弄墨，悠然自在。宋太祖曾留下训诫“不得杀士大夫和上书言事人”“子孙有渝此誓者，天必殛（音同即，杀）之”。这样的训诫一出，文人的地位也就更加巩固。

苏轼、欧阳修、王安石、司马光、辛弃疾、陆游、李煜、秦观等一代宗匠，开创了北宋的文坛盛世。

李清照的父亲李格非为人公正清廉，齐鲁著名隐士廉复撰写《廉先生序》一文，述其平生，证其为人，传其不朽。宋哲宗元祐元年（1086），官太学录。他专心著述，文名渐显，于宋哲宗元祐六年（1091），“再转博士，以文章受知于苏轼”，与廖正一、李禧、董荣同在馆职，俱有文名，称为苏门“后四学士”。元祐四年（1089），李格非因生性耿直，得罪了权贵，被外放担任广信军任通判一职。任职期间厌恶邪术，不信鬼神，反对迷信。又因为北宋朝廷的达官贵人安于现状，日益腐化，李格非居安思危，忧国忧民，可谓两袖清风，浩然正气，学识渊博，在齐、鲁一带颇负盛名。

因为秉性正直，虽不受权贵所喜，却甚得百姓的爱戴。1084年的北宋依然弊绝风清，衣冠文物。这一年，李格非还在郓州任教授，也就是在这一年，他喜得爱女，为其取名“清照”。

漱玉泉边，在李格非山东章丘的宅子里，一声响亮的啼哭划破了古镇寂静的夜空，一代婉约词宗李清照就此诞生了。

此时正值春末夏初的时间，她是三月里即将绽放的蓓蕾，虽然是个女婴，但并没有冲淡李家的欢欣。张灯结彩，奔走相告，甚至许久之后李家人都记得那日蔚蓝的天空和洁白的云朵，以及女婴漆黑如夜空的眸子和在睡梦中露出的甜甜笑容。

她如一枚小小的果核一般，肢体柔软，粉妆玉裹，眸子里藏满了惊奇。她就这样降临在书香门第的李家。

生于这样的才情世家，李清照耳濡目染，整日受书香之气熏陶，又勤读百家书，日日舞文弄墨，工书，能文，兼通音律，“自少年便有诗名，才力华赡，逼近前辈”。幼时的她仅沉醉在诗文绚丽的辞藻里，并不晓得这些她甘之若饴的才情，日后会把她推向怎样的一座高峰。

光阴荏苒，韶华易逝，不知人间烦恼事的李清照仿佛倏然间就出落成亭亭玉立的少女。靡颜腻理，明眸皓齿，如桃花般娇艳的容颜，心里更是蕴藏着星辰大海。一双眸子在长睫毛的掩饰下，散发着智慧的光芒。

这样兰心蕙质的女子，必定是惹人极尽宠爱的。在父母无微不至的呵护下，李清照见到了诗和远方。

少年不知愁滋味，为赋新词强说愁。李清照的心里有了少女对爱情的懵懂和惆怅。也正是在这样的年纪，让李清照提笔写下了这首经典的词作：

常记溪亭日暮，沉醉不知归路。兴尽晚回舟，误入藕花深处。争渡，争渡，惊起一滩鸥鹭。

——《如梦令》

旧时的女子受封建礼法的约束，行为举止都有条条框框约束着，秉着大门不出二门不迈，女子无才便是德的原则，才被视为端庄。

就算是院外姹紫嫣红、花红柳绿，也只能无奈地仰望着头顶巴掌大的一方天地，去遥想在那样一个枝叶繁茂的街头，在回眸间与哪家的公子一见倾心！

抑或在自家的院中，由丫鬟仆从看着，就算荡个秋千也得端着大家闺秀的模样，哪里还有半分的肆意洒脱。那股子懵懂的快乐，早在离开房门的时候就已消失殆尽，唯剩下满腹的郁郁寡欢。

只能守着绣楼中的一棵老树，悲春伤秋了。

哪里还能像李清照这首词中所描述的一样“沉醉不知归

路”。由此亦可见，李清照父母对其是如何的宠爱有加，亦能判断出其父母博大的胸襟与远见。

许正是如此，才成就了日后的一代词宗。

荡舟、争渡，与相好的姐妹相携郊外同游。一直玩到了日暮时分，沉醉在其中不愿归去。等到完全没了游玩的兴致时才乘舟返回，却误入了藕花深处，寻不到出去的路。

“怎么办呢？”少女娇俏的惊叫声与船桨破水的声音，掺杂在一起，惊起芦苇丛中觅食、玩耍的鸥鹭。

这首《如梦令》虽然仅有寥寥几句，读来却觉唇齿留香，句句清丽。把少女的灵动、纯真、顽皮描写得活灵活现。

读罢，那日的景象仿佛跃然纸上，呼之欲出。

月暮时分，一位身材窈窕的妙龄女子，乘坐在一叶扁舟之上，四周波光潋滟，莲叶田田，残霞夕照，鸥鹭闲眠。清可见底的湖面倒映着少女娇俏的容颜，晚风袭来，吹动衣袂飘飘，好一幅绝美的山水画卷。

少女顽皮戏耍，额头、鼻尖挂着晶莹的汗水，哼唱一首《周南·汉广》：

南有乔木，不可休思；汉有游女，不可求思。汉之广矣，不可泳思；江之永矣，不可方思。

翘翘错薪，言刈其楚；之子于归，言秣其马。汉之广矣，不可泳思；江之永矣，不可方思。

翘翘错薪，言刈其蒌；之子于归，言秣其驹。汉之广矣，不可泳思；江之永矣，不可方思。

把心中对懵懂爱情的向往，都寄托在这样一首江南小调里，让歌声带着自由飘向遥远的未来。

轻舟在湖面上荡起层层涟漪，一路追赶着残阳。少女端坐在船头，瞧着眼前如画的景色，眼眸中的笑意越发浓烈。

年少不知愁滋味。此时，应是一生中最美好的豆蔻年华吧！在空白的人生画卷上，涂上的浓墨重彩的一笔，点缀了整个人生。

花香、美景，让少女暂时摆脱了名门闺秀的重重枷锁，显露出少女顽皮的天性，才有了争渡之举。

当轻舟穿行于荷池之中，看着栖息的鸥鹭惊飞，少女感受到了从未有过的自由和酣畅淋漓。

心底那种新鲜的悸动，从诗词的韵脚中洋溢而出，便有了这首灵动的《如梦令》。

回顾李清照的一生，经历过太多的苦难。回头再读这首小令的时候，内心由衷地为她感到快乐。命运虽然多舛，但能拥有这样一段独属于自己的轻松快乐的时光，也能温暖和照亮日后灰暗的人生。

薄酒可以忘忧，美景无处不在。时光啊，却总是太急，一道残阳平铺水面，只见水面波光粼粼，叽叽喳喳的鸥鹭争占宿处，远处一缕缕青烟袅袅升起。

尚未尽兴的她，借着酒力，误入了藕花深处，划桨争渡间，竟然惊起了一群鸥鹭，瞧着它们惊慌失措腾空而起的模样，少女脸上的笑意更浓了。

这首小令用词简练，短短几个片段，就把移动的风景和作者怡然的心境完美地融合在一起，并且流传至今。

这首小令也是李清照广为流传的一首词。写出了李清照青春年少时的好心情，让人不由得想随她一道荷丛争渡，沉醉不知归处。

青春几何时，风过花飞，那短暂的青葱岁月是她纸短情长的雨季，也是她往后余生的晴空万里。

经年如风，红尘滚滚。在无心的岁月里，待所有繁华都成空时，那短暂的青春仍是浮华人间最美的修行。

你喜欢清风明月，而我独爱烈风的自由。少女时期的李清照尚且不知愁滋味，所以文字间仅有灵动与美好。那瘦弱的肩膀尚且载不动许多愁。

如此也好，在这样的岁月里，她可以去看一场荼蘼的花事，亦可渡船去赏一湖潋滟的春水。

她可以将岁月装进行囊，也可以将往事背负肩上，让那颗不谙世事的心，逐渐学会经历风雨。

待日后孤身一人漂泊异乡的时候，尚有一丝温暖在心头。每每午夜梦回，尚能靠着一首诗、一段回忆来取暖。

但此时，她仅有16岁，心情雀跃，初试笔墨写下这样一首小令，又哪里知晓许多年之后是雨，还是晴。

第二节　知否知否，却道海棠依旧

昨夜雨疏风骤，浓睡不消残酒。试问卷帘人，却道海棠依旧。知否，知否？应是绿肥红瘦。

——《如梦令》

这一场雨从江南一直延续到漠北，沿途都是秋雨绵绵的萧瑟景象。仿佛城市还在沉睡，少了许多应有的喧闹，只有不知疲倦的骏马飞驰而过，惊起一池水鸟扑棱棱飞向远方。

纳兰说：“相逢不语，一朵芙蓉著秋雨。小晕红潮，斜溜鬟心只凤翘。待将低唤，直为凝情恐人见。欲诉幽怀，转过回阑叩玉钗。”初见时的美好总能在日后的岁月中留下最美的回忆，但我们总是在失去之后才懂得珍惜。

昨夜窗外疾风骤雨，雨打芭蕉，惊扰了睡梦中的人，宿醉未醒，尚在梦境与现实中徘徊。只能轻声呼唤正在卷帘的娇俏婢女。

“昨夜下了一夜的雨，不知道外面的情况如何了。我最喜爱的那几株海棠花可曾受到风雨的惊扰？”

婢女瞧着她的模样，匆忙向外张望了一眼，便掩嘴轻笑，答道：“海棠还是昨日的模样。”

她听了婢女的回答，脸上一阵怅然：“你个粗心的丫头，你知道吗？现在应该是绿叶繁茂、花蕊凋残的时候，又怎会一如昨日啊！”

宋朝大诗人苏东坡有一首《海棠》：“东风袅袅泛崇光，香雾空蒙月转廊。只恐夜深花睡去，故烧高烛照红妆。”描述自己喜爱海棠花到了痴迷的地步，因此海棠也有“解语花”之说。

陆游曾经写过二十多篇关于海棠的诗词，其中之一，“虽艳无俗姿，太皇真富贵。我为西蜀客，辱与海棠游。再见应无日，开图特地愁”，把海棠描述得超凡脱俗。还有《久雨骤晴山园》（桃李烂漫独海棠未甚开戏作）：“雨霁风和日渐长，小园尊酒答年光。直令桃李能言语，何似多情睡海棠？”

曹雪芹更是在《红楼梦》里借贾府姊妹赛诗之机，用众人口吻给海棠各赋诗一首，其中林黛玉的为“半卷湘帘半掩门，碾冰为土玉为盆。偷来梨蕊三分白，借得梅花一缕魂。月窟仙人缝缟袂，秋闺怨女拭啼痕。娇羞默默同谁诉，倦倚西风夜已昏”。用海棠的高艳来衬托林黛玉的凄美。

张爱玲说：“人生有三大遗憾：鲥鱼多刺、海棠无香和红楼无尾。”道尽了人世沧桑。十六七岁，已到了悲春伤秋的年纪。会因为一场雨、一场荼蘼的花事而感怀落泪，尤其不喜秋的萧瑟。

离人心上秋，一场雨，一场别离。

俗世中浮沉得久了，就没有了“郎骑竹马来，绕床弄青梅”的情怀，有的只是女儿家无人能懂的寂寞。

“秋花惨淡秋草黄，耿耿秋灯秋夜长。已觉秋窗秋不尽，那堪风雨助秋凉。”黛玉的诗句道尽了秋的悲凉。那是写在强要说愁的年纪，一点忧伤都要折腾得惊天动地。

古往今来，惜花的词句数不胜数，而李清照这首《如梦令》却是“天下称之”的不朽名篇。

寥寥几笔就把场景、人物、对白、心情都清晰地描写了出来，充分体现了诗人的才华和语言表达的能力。把诗人借惜花而悲春伤秋的心情体现得淋漓尽致。

“昨夜雨疏风骤，浓睡不消残酒”，夜雨聆风，风雨如磐，一片飘落的花瓣就能惊扰少女敏感的心事，又哪堪去面对这样的情形。明明是花开得正好的暮春季节，却又零落成泥碾作尘。

因不忍去看明日那满地的落红，便一杯一杯饮着残酒，花下饮酒，击节唱和，不觉就醉了半分。枕着雨打芭蕉的声音入睡，又怎能睡得安稳，翌日清晨慵懒惺忪的宿醉仍未消除，更平添了几分愁绪。

“雨疏风骤”，简短的几个字就把暮春时节风潇雨落的情形描写了出来，渲染了诗人雨夜花下饮酒的怅然。即便酒醉一夜酣睡仍是“浓睡不消残酒”。

“试问卷帘人”，诗人明知经过一夜“骤风疏雨”的摧残，窗外必然会是满院落花春寂寂，一个“试”字便把不忍起身去察看的矛盾心理刻画得淋漓尽致。也转折得巧妙自然，不着痕迹。

聪慧如她，又岂能不知这窗外该是怎样一种破败的情景。但又抱着侥幸的心理，叫来婢女代为察看。

出乎意料的是，婢女“却道海棠依旧”。

那份喜悦的心情尚未在心中散去，诗人却更加惆怅黯然起来。

婢女疏离、应付的模样与诗人的委婉多情形成了鲜明的对比。想来心境不同的两个人，又怎么会看到相同的景致？

一个“却”字，迅速拉开了卷帘之人同诗人之间的距离。那一句“海棠依旧”非但不能慰藉诗人寂寥的心情，反而让她的心更加寂寞。

何为寂寞？寂寞是因为无人能懂啊！经过一夜的“雨疏风骤”之后，海棠又怎么会依旧呢？

“知否，知否？应是绿肥红瘦。”在“雨疏风骤”后，枝叶在雨水的滋润下应当是饱满丰盈的，而那枝头的花朵，怕是仅剩下几片残红了！

这句“绿肥红瘦”是整首词的点睛之处，可谓精妙绝伦，被后世之人称赞有加。绿配红，肥配瘦，如此搭配色彩鲜明，张弛有度，形象生动，极具概括性的遣词用句，彰显了诗人的才华，令人叹为观止。

这一年，李清照17岁，正是花样的年华。在这样豆蔻的年纪，她的心中定然也会期待“一生一世一双人”的幸福，期待遇到那个心仪的男子，与之相依相伴相守到老。

人生就是一场旅行，有人幸福，有人喧闹，而有的人注定孤独。“此去经年，应是良辰好景虚设。便纵有千种风情，更与何人说？”

我们都是红尘的摆渡人，需要独自面对命运的颠沛流离，每一次黑暗的来临都是一次盛大的演出，把命运的多舛演绎得淋漓尽致。

横舟渡口，我渡何人，又何人渡我，心中执拗的向往仿佛一盏灯火，幽幽闪烁着希望的光芒，突破层层雾霭照耀着前方。

这时的雨越发的细密，冰凉的雨丝紧贴着火热的唇角，仿若人生的酸甜苦辣汇成的一杯茶。有人眉头紧锁，有人甘之如饴。

鲜衣怒马，变成了一个令人追忆的词，它代表着一段逝去的岁月，那里曾埋葬了我们鲜活的青春。

如今人过中年再回首看前尘往事，竟生出些许沧桑。时过境迁，又有多少人能坦然面对得与失。就像经过了繁华的夏季，就很难面对一池残破的菡萏那般，只能在记忆里找寻一首诗句，去怀念那样一段旧光阴。

故纸堆里的女子总是有着忧伤的模样，华丽的服饰并不能掩盖她们的寂寥。“满地黄花堆积，憔悴损，如今有谁堪摘？守着窗儿，独自怎生得黑！”要有多勇敢才敢念念不忘，在每一个雨夜听着雨打芭蕉声，去怀念那样一个迟迟未归的人。

所谓良人也不过是一场镜花水月，生活虽给了我们华美的袍子，可同样又让它爬满了虱子，就像这暮春一样满目疮痍。

谁人不是左手明媚，右手忧伤地行走。安妮宝贝说过：“生命是一个圆，从起点到终点不过是一场场轮回。”

如果生命是一场彻底的放逐，幸运的是被放逐的人并不只有一个。

第三节 似也恨、人归早

湖上风来波浩渺。秋已暮、红稀香少。水光山色与人亲，说不尽、无穷好。

莲子已成荷叶老。青露洗、苹花汀草。眠沙鸥鹭不回头，似也恨、人归早。

——《怨王孙》

捧着一只青花杯，看着杯子里鹅黄色泽的雪菊茶冒出袅袅的水汽，在掌心里散发着淡淡的香气。

窗外是淅淅沥沥的雨，或许是太过压抑的天气，人总是容易变得脆弱。留声机在重复播放着一首老歌，不过是一句歌词，就莫名地引得泪流满面!

细密的雨丝轻叩着玻璃窗，也敲碎了满屋的寂静，街上已少有行人，只有路灯伫立在暮色中，那一盏光束被拉得很长，又被黑暗所吞噬。

独在异乡已久，孤单的时候常与黑夜为伴，在无边的夜色笼罩下，可以肆无忌惮地释放心底所有的情绪，不用戴着面具在人前行走。

这样孤独、寂寞的夜晚，也适合用来想念。

想念一个久违的人，想念一首精美的诗词。

终是到了秋天，百花萧瑟，树木凋零，入目一片荒凉。唯有岸边火红的枫树，燃亮了整个秋天。

离人心上秋。

与秋有关的话题总是伴随着离别。

叶子的离开，是因为风的追求，还是因为树的不挽留？我们不得而知。只是被秋天所染，变得脆弱、敏感，感慨万千。

元代诗人马致远在《天净沙·秋思》中写道："枯藤老树昏鸦，小桥流水人家，古道西风瘦马。夕阳西下，断肠人在天涯。"天色已近黄昏，一群乌鸦在枯藤缠绕的老树枝头发出阵阵哀鸣。小桥下溪水叮咚，小桥旁边的人家炊烟袅袅。一匹瘦马顶着西风艰难地行走。夕阳已经西下，凄冷的夜色中，只有不知疲倦的旅人还在四处孤独地漂泊。

诗人短短几句就把秋的凄凉动人描写得入木三分。

静水往东流，孤夜月更明，剪一缕秋叶，凝一回雁影，每一个瞬间都美得动人心魄。

秋天不总是与萧瑟有关，遍地疮痍之下，亦孕育着明天的希望。

"目极烟波浩渺间，晓乌飞处认乡关。"秋高气爽，风和日丽，一扫夏日的烦闷，让人的心情也跟着通透了起来。有几只水鸟正在尽情地嬉戏。

那辽阔的湖面上波澜不惊，静若明镜，细波如鳞，轻盈流畅，恬静温柔。

忽然一阵秋风吹过，涟漪潋滟，绿波荡漾，激起浪花。倒映在湖面的旖旎景色，就像有了生命一般，越发显得生动不已。

也就是在这样的秋天，李清照得知要跟随父亲离开山东章丘的明水老家，前往繁华无比的汴京。

虽然是同往常一样的秋游，但是因为掺杂了些许的离愁别绪在其中，也就逐渐变了味道。

她听说汴京气候宜人，风景秀丽，繁华无比，自有一番别样的瑰丽。

她亦听说，汴京的公子风流倜傥，温文尔雅，与她心中所想又贴近了几许。

她懵懂的心里对那繁华之地充满了向往。

想来不管怎样的女子都期盼一生被人收藏好，并且被那人妥善安放，细心保存，可以免你惊，免你苦，免你四下流离，免你无枝可依。青葱年少的李清照也不例外。

但一想到就要远离故乡，远离这些熟悉的人和物，去往那陌生之地，心底又惶恐不已，离愁别绪适时袭来，就像风吹起湖面的涟漪，扰乱了少女的一颗心。

此时已值暮春时节，湖上风来，吹动水波。池中的菡萏早已没有了昔日的鹅黄嫩绿，仅留下残红点点散落在湖面上，偶然间的断续余香，平添了一抹凄凉。整个湖面上渐渐显露出深秋的萧瑟。

但那又如何，这汪湖水，仍像刘禹锡笔下所说的那样“湖光秋月两相和，潭面无风镜未磨”。依然风景秀丽，引人为之驻足。

虽然荷花凋残，但湖周的绿丝绦与火红的枫叶交织在一处，尽显妩媚。鸣禽集聚，鸥鹭水中洲，燕舞莺啼。一片生机盎然，更为秋游增添了一抹动人之处。

诗人沉浸在这秀美的景色之中，心情欢愉，眼前景色“说不尽、无穷好”，简单、率真的语句道出了作者开朗、乐观的内心世界。

一句“水光山色与人亲”，仿佛为眼前秀丽的景色注入了鲜活的生命，变得更加灵动了起来。

因为“莲子已成荷叶老”，才让那些被荷叶覆盖的浮萍、萍蓬等水草能自由地享受雨露的滋润，变得青翠欲滴、郁郁葱葱。

这样美丽的景致，就连各类水鸟都流连着不肯离去。鸥鹭结伴栖息在沙滩上，那些性情温驯的白鹭与游人相伴久了，竟也不觉得害怕了，彼此熟悉得就像老朋友一样。

“眠沙鸥鹭不回头，似也恨、人归早”，这里运用拟人的手法，书写鸥鹭责怪游人早早离去，不够朋友。

秋的消息是一片枯叶传递过来的，就那么无声无息地从葱绿的枝头缓缓跌落，被秋风送进尘埃，挣扎着逐渐远去。

时间总是从指缝中悄悄溜走，并不会因为那些所谓的欢愉与懊恼而稍作停留，我们只能无力地看着沧海变桑田，看着一场花开花谢，感慨世事无常。

南飞的鸿雁脚步太过轻盈，无法捎去沉沉的书信，只能把满腹的相思写满红叶，直至枝头落尽最后一片枯叶。

总是会想起那些泛黄的光阴，一杯清茶，还有那首我们围炉唱起的老歌。

喧闹总是带着刻骨的孤独，于千万人之中一眼就能看见你的幸运少之又少，所以更愿意独自守着寂静的夜，听一支洞箫幽幽地倾诉。

一袭青衣，一双乌黑的眸子，反复吟着：“瞻彼淇奥，绿竹猗猗。有匪君子，如切如磋，如琢如磨。”想来世间痴情的女子皆是如此。

“既见君子，云胡不喜。”已然见过这世间最美的风景，如何还能委屈将就，只是伯牙子期，琴断有谁知！

这一年，李清照远离家乡来到汴京，成为了漂泊在外的游子。异乡固然有前所未见的繁华与葱郁，但也有抹不掉的陌生与距离感。

李清照寂寞时再也无法与相熟的小姐妹邀约，畅游湖中，争渡嬉戏，与鸥鹭沙滩为伴，沉醉不知归路了。

异乡的秋总是漫长，每一片落叶都有属于自己的故事，纹理中埋藏了多少心事，恼人的风总是不解风情，轻易就拆散一场别离。

“滞雨长安夜，残灯独客愁。故乡云水地，归梦不宜秋。”这种刻骨铭心的思乡情怀，只有漂泊异乡的人才能体会。

那是一种深入骨髓的寂寞，眼前的万家灯火，没有一盏是为你点亮的。心中所有的期盼都在远方。

每日里戴着面具行走，只有在夜幕降临的掩饰下，才能袒露自己的心事。

故乡的月啊！总是那么遥不可及，唯有牢记着乡音，才能寻到来时的那条路。

就如那一年的薛涛，还在懵懂的年纪，就随被贬的父亲，远离家乡跋山涉水来到陌生的四川。那个三岁便能与父亲吟诗作画，16岁便已成为远近闻名的才女的她，终究抵不过命运的颠沛流离。

为了生存，不得不成为身份低贱的营妓，虽然有“校书郎”之称，但多少人为了目睹她的风采如痴如狂。

遇到元稹的那一年，她以为自己遇到了爱情，谁知终被始乱终弃，徒留下一张薛涛笺，还有那永远也无法归去的故乡。

又有多少游子，终把故乡走成了异乡。

峨嵋山下水如油，怜我心同不系舟。

何日片帆离锦浦，棹声齐唱发中流。

秋色宜人，金风送爽。寒蝉凄切，冷雨初歇。

与薛涛相比，李清照无疑是幸运的，虽身处异乡，却有亲人的关怀与照拂。虽然母亲王氏是继母，却也贤惠豁达，加之父亲对她宠若珍宝，所以她一直未曾经历过命运的风风雨雨。

正是因为她始终保持着纯净、豁达、爽朗的心态，才信手写下了这首流传千古的名篇《怨王孙》。诗人一扫“悲秋”的心态，以独特、欢快、明朗的方式，用细腻婉约的笔触描写出一番别样的阴柔之美。

这首《怨王孙》写的是李清照出游时的景致，具体创作时间已无法考究。应与《如梦令·酒兴》是前后衔接的。前一首作于荷花开放之时，这一首作于“莲子已成”之日，由词可以判断出，前后创作的时间相隔不久。

可能创作于前往汴京途中的见闻，亦可能是即将离开故乡时的心情写照。

此时，李清照还是怀着无忧无虑的小女儿家欢愉、宽广的心态，世间万物皆纳入她的眼中，融化在她心中，最后化作源源不断的创作灵感。为后来那许多脍炙人口的作品，奠定了坚实的基础。

舞榭歌台，斜阳草树，寻常巷陌，千古风流总被雨打风吹去。

面对良辰美景，满心欢愉的少女，又怎知命运会给她带来怎样的颠沛流离。

此时此刻，她也许开始试着喜欢深藏在记忆中的一段光阴，这段光阴里有八月的锦瑟，有九月的芬芳，还有十月的硕果累累。

亦开始蓄谋一场相遇，在江南古镇，在青石板的深处，在桂花飘香的巷口，在梅雨孕育的黎明。

第四节　少女情怀总是诗

小院闲窗春已深，重帘未卷影沉沉。倚楼无语理瑶琴。

远岫出云催薄暮，细风吹雨弄轻阴。梨花欲谢恐难禁。

——《浣溪沙·小院闲窗春色深》

这一年，李清照离开了老家山东明水，在汴京定居。不见了旧日的景物，一切都是崭新的模样。

南方的春天总是透着暧昧的气息，时而明媚，时而阴沉，少了许多的纯粹，多少心事都被掩盖在满目的翠绿之下。

少女的心也越发敏感，她能从春天一朵花开的差异，联想到江南和家乡的鲜明对比，心底守着一半的明媚和一半的忧伤，寂寞地数着时间缓慢地流淌。

父亲官居要职，虽然官职不高，只是一个从六品，但也足够让他们生活无忧了。

只是人在异乡，少了小姐妹的陪伴，只能日复一日地望着窗外的落花哀叹。

寂寞的日子仿佛织成了一张巨网，裹得她透不过气来。

十六七岁，正是天真烂漫的时候，尚未经历过世俗的侵袭，更不会去喜爱那份孤独的寂寞。

她想要的仍然是在家乡明水时“沉醉不知归路。兴尽晚回舟，误入藕花深处。争渡，争渡，惊起一滩鸥鹭”那种无拘无束的快乐。

有三五好友，相邀月下击节唱和，吟词弄曲，把酒高歌。

把闲暇的日子都过成了诗。

如今到了汴京，诗人才明白在这繁华的背后，掩藏着多少数不尽的落寞。她被拘在一个四方的院子中间，只能透过天井去看那巴掌大的一片天空。

她无法得知护城河的花朵开得怎样天真烂漫。她亦无法得知，在这天井以外是否还有更悠远的天空。

她感觉自己像被剪掉了一双翅膀的鸟儿，每日里只能待在金丝笼里婉转啼鸣，以此来讨取主人家的欢心。

少女情怀总是诗，哪怕在这样寂寞的日子里，她亦能把这一方小院糅进自己满腹的心事。

花红柳绿，春色深深，枝头蝶舞翩翩，追逐嬉闹。诗人寂静的小院就掩映在这片浓绿的春色之中。华丽绣楼的窗户虽然半掩着，但仍有一些不甘寂寞的脂粉味，淡淡地飘了出来。

厚重的珠帘尚没有卷起，幽暗的闺房笼罩在一片浓重的阴影之中。美人独自凭栏处，少女满腹的心事也无处诉说。只能心不在焉地拨弄着琴弦，希望琴声代替她飞出这座宅院，在辽远的天空下无拘无束地嬉闹。

天空游荡的闲云，催促着夜幕早早降临。微风吹动细密的雨丝，拨动着天上的闲云。这一树刚刚盛开的梨花，在微风细雨中轻颤着身躯。虽有万般的不甘，但也无法阻挡衰败的命运。空留下满地的落花，惋惜着春天的离去。

千山暮雪，只影向谁去？

在这重重深闺之中，就算对这繁华的异乡有了些许的了解，空闺的寂寞亦是无人诉说。

虽然四周围绕着婢女、小厮，但心底那种深埋在喧闹之中的寂寞，却越发清晰。

娇俏的丫鬟在楼台上嬉戏打闹，她轻扯着嗓音唤道：“小姐，快来看啊！这街上游人如织，好一番盛景呢！”

她无精打采地抱着琴，独上高楼。

确实望见了远处的一池春水，以及一辆辆在人群中穿梭的华贵马车。忍不住去揣想，端坐在马车中的人会是哪家的儿郎？

他会不会有泼墨一般的发丝和雕刻一般的面容，会不会一张口就说出“一生一世一双人”这样美妙的诗句。

还是，他仅如市井中人一般，把情爱之事当成了一场利益的交换。

青葱的花样年华，开始对爱情有了期待。

那些从戏文里看来的爱情，不管是孔雀东南飞的生死相随，抑或是北方遗世而独立的佳人，又或者是万千宠爱集于一身却又魂断马嵬坡的爱恋，仿佛都不是她心中所想。

她想要的爱情，应有着琴瑟和鸣、举案齐眉的模样。通过她的一颦一笑就能知晓她的心事。

哪怕是两人相对无言，也能从对方的沉默中读懂彼此的心事。

当时苏门四学士之一的张耒写了篇《读中兴颂碑》诗，其中有“玉环妖血无人扫，渔阳马厌长安草”之类的句子，此诗一出，众人皆惊叹。

但李清照年仅16岁时便写下了这样的诗句：

五十年功如电扫，华清花柳咸阳草。

五坊供奉斗鸡儿，酒肉堆中不知老。

胡兵忽自天上来，逆胡亦是奸雄才。

勤政楼前走胡马，珠翠踏尽香尘埃。
何为出战辄披靡，传置荔枝多马死。
尧功舜德本如天，安用区区纪文字。
著碑铭德真陋哉，乃令神鬼磨山崖……

明陈宏绪《寒夜录》中夸李清照的《浯溪中兴颂和张文潜二首》：“奇气横溢，尝鼎一脔，已知为驼峰麟脯矣。”

郑振铎在《中国文学史》中则评价说：“她是独创一格的，她是独立于一群词人之中的……她是太高绝一时了，庸才的作家是绝不能追得上的。无数的词人诗人，写着无数的离情闺怨的诗词……这一切的诗词，在清照之前，直如粪土似的无可评价。”

李家有女初长成，词如其人，秋波一转，颠倒众生，满面生春，娇怀如梦。

父亲李格非早已有意为李清照寻觅良人。自家女儿聪明伶俐，眼高于顶，寻常男子自是入不了她的眼。李家也生怕委屈了李清照，因此择婿之事就相当慎重。

汴京城中仰慕李清照的人非常多，前来李府说亲的媒人也络绎不绝。

“桃之夭夭，灼灼其华。”每每读起这首诗总会感觉唇齿生香，就仿佛真的站在了那片草长莺飞的十里桃林，你着一袭白衣，拿一幅画卷，一点点描绘我的样子，而我娇羞的容颜与桃花相映红，说不清的喜悦挂在眉梢，一不小心我们就相伴到老，想想就是欢喜的。

这想来应该是每个女子都期待的爱情吧，没有被俗世浸染，只因着心里的喜欢，就执拗地跟你去天涯海角，富贵也好，贫穷也罢，只要你在身边此生足矣。

只是那样的人，不知会在哪个街角，忽然就出现在她眼前，那个人不来，她愿意去等。

你不来，我又怎敢老去?

“小院闲窗春已深”，这方小院已经春色满园了，有不甘寂寞的杏花已经迫不及待地朝院外探出头去。

暮色即将降临了，空寂的院子里没有人来人往，亦没有燕子嬉戏的身影，让这深闺之中，越发显得寂寥。

“重帘未卷影沉沉”，幕帘低垂，把暮色挡在屋外，显得室内更加幽深、暗淡，少女枯坐在这深院之中，备感苦楚与寂寥。

原本是想排遣这压抑的孤寂，才信步走向楼前，凭楼远眺，希望能凭借室外的景物来舒缓心底的不适。

却只见“远岫出云催薄暮，细风吹雨弄轻阴”，原来这天色如同自己烦闷的心事一般。如此，诗人压抑的心情不仅没有减缓，反而更加郁闷了。

“倚楼无语理瑶琴”，少女坐在瑶琴前，心不在焉地拨弄着琴弦，希望琴声可以驱走她心底的闲愁郁闷。但愁怀难遣，自不待言。

“梨花欲谢恐难禁”，就连这满树盛开的梨花都经受不住细雨春风的摧残，零落满地了啊！一如此时少女满腹的心事。

心底空寂的李清照并不知晓，在汴京城的另一处，有一位名叫赵明诚的男子，正坐在太学里，拿着传抄而来的诗词，津津有味地读着。

赵明诚老家是山东诸城龙都街道兰家村人，左仆射赵挺之第三子，家境显赫，知识渊博，就读于太学。

他并无心于仕途，却致力于金石之学。幼时便对金石之学痴狂。生平最爱收藏金石书画，他曾自谓："余自少小喜从当世学士大夫访问前代金石刻词。"（《金石录》序）

当时李清照已有许多作品问世，连颇负盛名的"前四学士"之一的晁补之都对李清照非常欣赏，称赞李清照"诗情如夜鹊，三绕未能安""少陵也自可怜人，更待来年试春草"等诗句写得好。

赵明诚之前便读过李清照的诗词，心中不免对这位能写下"知否，知否？应是绿肥红瘦""争渡，争渡，惊起一滩鸥鹭"等绝妙诗句的女子生出许多莫名的情愫。

要有多勇敢，才会在这样寂寥的深夜，对一位素未谋面的女子念念不忘。

他时常揣想，她"倚楼无语理瑶琴"遗世而独立的模样。

风从她的楼前过，吹着她洁白的衣袂籁籁作响，少女漆黑的眸子像星辰一般闪烁着耀眼的光华。她晶莹剔透的小手拂上瑶琴，绝美的琴音就随之而起，穿透层层阻隔，隔空出现在他面前。

她艳若桃李的面容，若隐若现，使他不敢从梦中醒来，生怕睁开眼，她就会消失得无影无踪。

多少的午夜梦回，铭心刻骨，依靠这些清丽的词句，才不至于痛彻心扉。

伊人啊伊人，你是否知晓，这一份懵懂又挚诚的恋慕。

总会有人在平行空间里，悄然地爱着你，守护着你。

只可惜，这些李清照都不知晓。

她仍坐在“重帘未卷影沉沉”的那方小院里，落寞地等待那个命中注定的良人出现。

年少的时候，连多愁善感都要渲染得惊天动地。长大后却学会了越痛越不动声色，越苦越保持沉默。

忍不住去想三月的桃花，在柔风细雨中是怎样一点点绽放成你喜欢的模样，又怎样一点点凋零在时光中，那么短，却又那么灿烂。

那一枝的花瓣在春风中微微颤动，而你刚好从桃树下走过，一片花瓣就那样轻轻落入了你的眼眸，逐渐长成了一片桃林。我拿着花锄葬着花瓣，而你在树下酿着桃花酒，就这样匆匆过一生，你说可好？

第五节　黄昏疏雨湿秋千

淡荡春光寒食天，玉炉沉水袅残烟。梦回山枕隐花钿。

海燕未来人斗草，江梅已过柳生绵。黄昏疏雨湿秋千。

——《浣溪沙·淡荡春光寒食天》

“春城无处不飞花，寒食东风御柳斜。日暮汉宫传蜡烛，轻烟散入五侯家。”唐代韩翃在《寒食》中这样写道。

长安城的暮春应该是极美的，柳絮飞舞，落红无数，春雨淅沥，百花绽放。寒食节的东风把御花园里的柳枝都吹得倾斜了。暮色时分，宫里忙着传送蜡烛，蜡烛的青烟随着东风散落在王侯贵胄的家中，久久不散。

清明节的前一日，就是传统的寒食节。春风和着春雨轻抚行人哀伤的面容，雨丝和泪花交织在一起，更增添了几抹忧伤。

在这个“清明时节雨纷纷，路上行人欲断魂”的时节，更适合去追思那些早已逝去在历史长河中的人。

唐代诗人卢象在《寒食》里这样写道：“子推言避世，山火遂焚身。四海同寒食，千秋为一人。深冤何用道，峻迹古无邻。魂魄山河气，风雷御宇神。光烟榆柳灭，怨曲龙蛇新。可叹文公霸，平生负此臣。”

据史籍记载，介之推是当时晋国的贤臣，侍奉在公子重耳近前。

那一年晋国发生内乱，公子重耳为了躲避战乱，无奈之下只能流亡到他国长达十九年。介之推始终不离不弃地跟在公子重耳左右，甚至“割股啖君”。后来重耳励精图治，成为一代名君“晋文公”。

晋文公即位后，久而久之便忘记了介之推当年的不离不弃。介之推不求功名利禄，带着年迈的母亲回到家乡，归隐绵山。

等晋文公想起这个“割股啖君”的贤臣后，内心感到非常愧疚。便亲自来到介之推归隐的绵山前来找寻，但介之推避而不见。

晋文公下令放火烧山逼迫介之推出山与之相见，最终介之推也没有出山，与母亲一起抱着一棵树被火焚烧而死。

晋文公心怀愧疚，感念忠臣良将，将其与母亲葬于绵山之中，修祠立庙，并下令在介之推遇难这一日禁火凉食，以寄哀思，这就是“寒食节”的由来。这天就是每年清明节的前一天。

李清照虽为女子，但也胸怀天下，巾帼不让须眉。在这万众祭奠、哀思的特别日子里，忆古思今，心中百转千回，感慨万千，提笔写下了这样的诗句。

诗人是从一场风花雪月的旧梦中被惊醒过来的，醒来便闻见了一室的花香，大朵大朵怒放的蔷薇花，伴随着阵阵悦耳的虫鸣鸟叫，春天是真的来了呢！

万物复苏，处处都荡漾着旖旎的春光，沉香已经燃尽，仅余袅袅的青烟，还在玉炉间萦绕，似女子柔软的身姿一般，婀娜多姿。

少女从午睡中醒来，春日时分尚且有些凉意，少女姿态慵懒地伸了个懒腰，蓬松发髻间的钗环，顺着乌黑、润滑的发丝，滑落在锦被间。

这个时节，燕子尚未归来，仅余空空的燕巢。就如这寂寞的闺中时光一般，既漫长又琐碎。

邻家的小女儿们正在叽叽喳喳玩着斗草，江梅已经过了季节。小院的上空飘舞着纷飞的柳絮。

春雨贵如油。傍晚时分，又淅淅沥沥地下起了绵绵的春雨，打湿了空荡荡的秋千。

少女坐在廊下发呆，半散的墨发披在身后，肌肤如云，粉腮红润，秀眸惺忪，透出一股子娇憨。

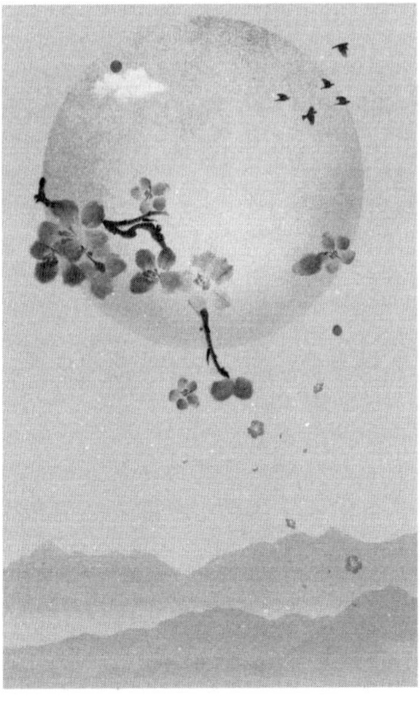

诗人崔颢在《王家少妇》中这样描写：“十五嫁王昌，盈盈入画堂。自矜年最少，复倚婿为郎。舞爱前溪绿，歌怜子夜长。闲来斗百草，度日不成妆。”这首诗把王家少妇喜欢斗草的娇憨模样，活灵活现地展现在了众人眼前。

北宋词人晏殊在《破阵子》里写道：“燕子来时新社，梨花落后清明。池上碧苔三四点，叶底黄鹂一两声，日长飞絮轻。巧笑东邻女伴，采桑径里逢迎。疑怪昨宵春梦好，元是今朝斗草赢，笑从双脸生。”为我们展现了一幅如诗如画的春日美景。

“斗草”，顾名思义，女孩们各摘取具有一定韧性的花草，然后交叉成十字状，并相互用劲拉扯，谁的花草断了，谁就输了。

记得幼时，还时常与姐妹们玩这种游戏。时至今日，这种古老的游戏，知晓的人已经不多了，不得不说是一件憾事。

这首诗以寒食节、发簪、斗草等少女喜欢的事物，来抒发少女待字闺中的欢愉和烦忧。

寒食节正是夏历三月三，正值春光烂漫、百花初放的美好季节，沉香在香炉中已经燃尽了，室内萦绕着袅袅青烟，尚有余香萦绕在鼻尖。

春困秋乏，她和衣而卧，带着妆容便沉沉睡去。许是梦中的景致美好，她迟迟不愿意醒来。诗人这一觉睡了许久，醒来尚且觉得慵懒。

她枕在葱白的手臂上，凝神望着窗外。厚厚的珠帘已经卷起，温暖的阳光照射了进来。马上就要到清明节了，为什么南飞的燕子还不回来呢？

这一年李清照结识了张耒、晁补之及同龄诸女友，有了她们相伴，这闺中寂寞的日子也舒缓了不少。

女伴们欢愉的笑声传来，原来她们正围在一起玩着斗草，听着她们娇嗔的欢笑声，诗人脸上露出了浅浅的笑容。

江梅时节已过，汴京城中雪白的杨花、柳絮四处飘飞。

苏轼在《水龙吟·次韵章质夫杨花词》中这样写道：

似花还似非花，也无人惜从教坠。抛家傍路，思量却是，无情有思。萦损柔肠，困酣娇眼，欲开还闭。梦随风万里，寻郎去处，又还被、莺呼起。

不恨此花飞尽，恨西园、落红难缀。晓来雨过，遗踪何在？一池萍碎。春色三分，二分尘土，一分流水。细看来，不是杨花，点点是、离人泪。

少女瞧着漫天飞舞的柳絮，心中不免触景生情。同是离开家乡，四处飘零，谁又能知晓，自己的未来将要飘向何方呢？

细细看去，这哪里是杨花、柳絮，点点都是离人的眼泪啊！

第二卷　此情无计可消除

月暮色，为谁点墨成痴，那一丝丝牵肠挂肚的忧伤，在遇见你时便烟消云散。你是人间的四月天，酝酿了一场相遇的荼靡花事。在一卷宣纸上把你我的相遇绘成一幅泼墨诗篇。他与她是冥冥之中既定的缘分，于回眸一笑间，便许下了千年之约。白首不相离，举案齐眉间。岁月啊总是太匆匆，要用多少笔墨，才能留住那些旧时光。

第一节　倚门回首，却把青梅嗅

蹴罢秋千，起来慵整纤纤手。露浓花瘦，薄汗轻衣透。

见客入来，袜刬金钗溜。和羞走，倚门回首，却把青梅嗅。

——《点绛唇》

“玲珑骰子安红豆，入骨相思知不知”，那一颗南国的红豆，早已化作了相思，深深镶嵌在了心底。

元代诗人徐再思在《折桂令·春情》中写道：“平生不会相思，才会相思，便害相思。”

从来不懂相思为何物，这才刚刚明白了相思的真实含义，就开始深受相思的煎熬了。

此时的李清照，尚且不懂相思的真正含义，因为拘在这方庭院中，秋千变成了每日消遣的主要乐趣。

“垂杨影里残红。甚匆匆。”小院闲窗，落红点点，尚有一丝余香，一场春雨像把天空洗净了一般，纯净、清透。

暮春，清晨，在汴京被葱绿包围的一方庭院中，传来两个少女欢愉的笑声。

这笑声像长了翅膀的鸟儿一般，穿过高深的围墙，飞向远方。

“小丫头，再把秋千荡得高一点儿，我瞧不见外面的景色呢！”

“小姐，再高就要摔着了。若是把你摔了，老爷又要责罚我了。”

“哼！别拿老爷压我，我也可以责罚你。”

“高一点儿，再高一点儿了！”

少女坐在精美的秋千上，笑靥如花，一双晶亮的眸子时刻望着院墙外。那目光企图穿破这厚厚的墙壁，甩掉压在身上的枷锁，变成一只自由自在飞翔的蝴蝶，流连在春日的阳光下。

奈何，就算丫鬟用尽了力气，她依然无法企及心中向往的那片天堂。

只能幽怨地垂下一双眸子，倚在秋千上，暗自忧伤。

少女把所有的期待都系在了秋千之上。

可惜，秋千终负了她。

少女身穿葱黄绫纱裙，头上只斜插着一支碧玉簪子，美眸朱唇，折纤腰以微步，遗世而独立。

花叶素素，落地生花，绰约多逸态，轻盈不自持。

旧时的女子，因为被封建世俗所禁，足不出户，每日里可消遣的物件屈指可数。

而秋千这种活络、有生命力又需要一定胆识和挑战性的娱乐工具，就责无旁贷地成了女子的闺中伴侣。

自古以来描写秋千的诗句数不胜数。例如，晏几道的《木兰花·秋千院落重帘暮》："秋千院落重帘暮，彩笔闲来题绣户。墙头丹杏雨余花，门外绿杨风后絮。朝云信断知何处？应作襄王春梦去。紫骝认得旧游踪，嘶过画桥东畔路。"

院子里秋千摇曳着身姿，重重的帘幕低垂着，空闲的时候在华丽的门扉上提笔书写。墙头的杏花像春雨一般纷纷飘落，墙外的柳絮随着微风散落在天涯。

因为信断，心中的那个她如今不知身在何方，就让我做个襄王觅神女的好梦吧。紫骝马认出了旧时游玩的路径，嘶叫着跑过画桥的东畔路。

也有"歌管楼台声细细，秋千院落夜沉沉""夜深斜搭秋千索，楼阁朦胧烟雨中""薄暮何人吹觱篥，新晴几处缚秋千"这样的诗句。

一架小小的秋千，让孤寂的小院落突然鲜活了起来，像一个小小的梦想插上了翅膀一般，追寻这北归的鸿雁，索要那一封写了四季的情诗。

此时的李清照还保持着那颗青葱、活泼的心，她端坐在秋千上，衣袂翻飞，发丝轻扬。

秋千在不知不觉间停了下来，少女起身，慵懒地揉着酸软的纤纤玉手。晨起的花朵尚在含苞欲放，瘦瘦的花枝悬挂着晶莹剔透的露珠。香汗淋漓湿了身上的罗衫。

这一番秋千荡得酣畅淋漓，少女正在惬意间，却忽然听见小厮引着客人进院的声音。

远远的，少女瞧见一位卓然飘逸，身材修长挺拔，风神俊朗的男子缓缓走来。一阵微风拂过，带起他胸前的一缕发丝，他信手拈住，举手投足间满是儒雅的气质。

不知道为何，少女忽然间就红了脸。她紧张得竟然把绣花鞋都跑丢了，仅穿着袜子慌乱地匆忙朝后院逃去。

头上的钗环也来添乱，竟然滑落了下来，少女一头乌黑的青丝也瞬间滑落，遮住了她惊慌的面庞。

让她瞧着分外的狼狈，心中不禁万分懊恼，娇嗔地回眸瞧了那人一眼，却突然发现那人也正瞧着自己。少女心头不禁一片慌乱，连忙假装嗅着青梅，来掩饰心中的尴尬。

她在心中幻想过无数次与那人相遇的情形。却从未想过竟然是在这样狼狈的情形下遇见。

少女心想："原来那人竟然长得这般清风明月呀！正是我心中所想呢！"

想到这里，少女眼中再无其他，只觉得一只小鹿在心中左突右撞，像要从心口跳出来一般，连忙拎着绣鞋，捂着胸口，羞红了脸朝后院跑去。

"慵整纤纤手""露浓花瘦，薄汗轻衣透"，寥寥几笔就描绘出一位花样少女憨态可掬、清纯可爱的娇俏形象。

少女感觉突然到访的客人打搅了她，很不开心。虽然她狼狈地赶紧溜走，却"倚门回首，却把青梅嗅"。

这首诗表现了诗人的天真活泼、果敢，表现了她想冲破封建礼教束缚的思想。

李清照这首词与清代纳兰性德的《相见欢·落花如梦凄迷》“愁无限，消瘦尽，有谁知？闲教玉笼鹦鹉念郎诗”，唐代韩偓的《偶见》“秋千打困解罗裙，指点醍醐索一尊。见客入来和笑走，手搓梅子映中门”，以及宋代欧阳修的《生查子·元夕》“去年元夜时，花市灯如昼。月上柳梢头，人约黄昏后。今年元夜时，月与灯依旧。不见去年人，泪湿春衫袖”有异曲同工之妙。

相遇亦是美好的。有的“有美一人，清扬婉兮”，有的“倚门回首”“邂逅相遇，与子偕臧”。

他就那样毫无预兆地闯入了李清照的心中，那日狼狈的相逢，许多年后提及，两个人仍然会心一笑，别样的情愫就会涌上心头。

岁月匆匆，仿佛你仍是那白衣少年，而我仍是那未经世事的青葱少女。

同样的，她亦闯入了他的心中。

那少年名叫赵明诚。

赵明诚何许人也？正是后来与李清照琴瑟和鸣，魂牵梦萦，相携一生之人。二人举案齐眉，恩爱异常。二人之间的情事，若是细细说来，怕是要用一本书去阐述了。

李清照的才华如今在汴京城中已是小有名气，她清丽的小诗时常被有心之人传阅。赵明诚自然也读过。

赵明诚初次读到李清照的诗句时，满心满眼都觉得惊艳，少年幽闭的心扉像是忽然被人打开了一扇窗，一束耀眼明亮的阳光照射进来，让他的心里、眼里再也看不到其他人。

与君初相识，犹如故人归。

“罗裙香露玉钗风。靓妆眉沁绿，羞脸粉生红。”少女的模样从诗中呼之欲出。

直到那天偶遇，他瞧见她“倚门回首，却把青梅嗅”的娇俏模样，正是他心中所盼、所想。

因此，他思忖再三找到了自己的父亲——当朝吏部侍郎赵挺之，官居三品，颇受皇帝器重和信赖。

少年重提“芝芙梦”，才一开口，他便已知晓儿子心中所想。

官宦人家结亲，看中的并非只是你情我愿，“门当户对”四个字像一座大山一样，盘桓在眼前，岿然不动。

赵挺之能稳坐朝堂，自然懂得如何在党争频繁之中保护好自己。如今朝廷之中两派矛盾日益激化，不管站在哪一派，对他来说都不安全。

赵挺之目前在朝堂之上属于新党，拥护王安石变法，又与奸臣蔡京往来密切。而李清照的父亲李格非虽然是反对变法的旧党苏东坡的门生，但他一直处事圆滑，对待新党并未有过过激的行为。

这些年来在宣仁太后的支持下，朝廷逐渐废除了变法，支持恢复旧制，新党目前在朝中处于很不利的境地。

如果此次赵家与李家能联姻，赵挺之在朝堂之上就像给自已上了双保险，日后就算是旧党赢了目前的局面，他也不至于输得太惨。

权衡之下，赵挺之心中已经有了圆满的打算，在给赵明诚分析了时局利弊以后，他欣然应允了儿子所求，答应他遣媒前往李府说亲。

对于尚未经历世俗侵袭的赵明诚来说，他不管父亲心中是何打算，他只是心心念念想娶那活泼、娇俏的女子为妻。一想到即将与她相依相伴，他激动得一夜未眠。

赵明诚不喜官场，毕生致力于金石之学，终生不渝。他曾自谓："余自少小喜从当世学士大夫访问前代金石刻词。"（《金石录》序）

对于这些传闻，李格非自然是听说了。

李格非知晓不论是家事、人品还是学识、才情，赵明诚与李清照都是非常般配的，与李清照应是一段良缘。

李格非心中虽有思量，却没有立即答应这门亲事，而是几次私下约见了赵明诚。

李格非见赵明诚器宇轩昂，举止稳妥，温文尔雅，进退有度，心下已是十分欢喜。后来便把赵明诚的事情说与李清照听，瞧见自家女儿一副羞羞答答、欲言又止的神情，心底便有了分晓。

接下来的日子，忙乱而欢喜。

媒人的笑声划破了庭院的寂静，荡起少女心中阵阵涟漪。因为心情愉悦，瞧着这方小院，竟也能心生欢喜了。

闲置已久的秋千上，爬满了藤蔓，开着一朵朵娇艳的花朵，一如少女绯红的脸颊。

压在心底的空虚与寂寞，不知何时也偷偷溜走了，如今塞满了期盼与欢愉。

就连蠢笨的丫头，如今瞧着也机灵了许多，把少女哄得娇笑不已。

赵府送来的聘礼上的绸带，映红了李家门前的那一条街，他许她十里红妆，亦许她一生一世一双人。

从此，“死生契阔，与子成说；执子之手，与子偕老”。

李家的花园里，桃之夭夭，灼灼其华。之子于归，宜其室家……

第二节　此花无日不春风

禁幄低张，彤阑巧护，就中独占残春。容华淡伫，绰约俱见天真。待得群花过后，一番风露晓妆新。妖娆艳态，妒风笑月，长殢东君。

东城边，南陌上，正日烘池馆，竞走香轮。绮筵散日，谁人可继芳尘。更好明光宫殿，几枝先近日边匀。金尊倒，拼了尽烛，不管黄昏。

——《庆清朝·禁幄低张》

仓央嘉措说：“住进布达拉宫，我是雪域最大的王，流浪在拉萨的街头，我是世间最美的情郎。”读着这样的诗句，眼前的景色就模糊了起来，仿若天地之间有一个缥缈的身影踩着积雪缓缓而来，白衣飘飘，圣洁而神秘。所到之处冰雪融化，春暖花开。他喊着玛吉阿米，唱着雪域的情歌，遥遥一指远处的山脉，就有一股清泉缓缓而来，叮叮咚咚的泉水带着魔力，让沿途的冰雪都绽放出花朵。我分明看到玛吉阿米在微笑，这时梵音四起，而我跪坐在佛前，青灯古刹，木鱼声声，仿若又回到了千年前，那时你我初相遇。

三月的长安，春意是从“碧玉妆成一树高，万条垂下绿丝绦。不知细叶谁裁出，二月春风似剪刀”的诗意之中款款走来的。

春山如画，柳莺花燕，桃蹊柳曲，景色如此诱人，引得深闺之中的人纷纷前来踏青。

“绿树春深，燕语莺啼声断续，蕙风飘荡入芳丛。”许是经不住春色的诱惑，李清照带着丫鬟，一路踏青而来。

入目都是桃腮柳眼，柳辨莺娇，蕙风和畅，李清照的目光穿过争奇斗艳的百花，停留在那片“容华淡伫，绰约俱见天真。待得群花过后，一番风露晓妆新。妖娆艳态，妒风笑月，长殢东君”的花上。

宫墙四周围绕着红色的栅栏，栏杆上爬满了藤蔓，它们整片拥挤在一处争奇斗艳。

被这些栅栏和藤蔓保护起来的，是一片独占鳌头的名花，有诗曰：“只道花无十日红，此花无日不春风。一尖已剥胭脂笔，四破犹包翡翠茸。别有香超桃李外，更同梅斗雪霜中。折来喜作新年看，忘却今晨是季冬。”

亦有诗云：“庭前芍药妖无格，池上芙蕖净少情。唯有牡丹真国色，花开时节动京城。”

这首诗中并未点名此种名花，究竟是芍药还是牡丹，若我说就这种“妖娆艳态，妒风笑月，长殢东君”，它以妖娆绝艳的姿态，引得春风嫉妒、春月自惭形秽地含笑藏在云后，也只有牡丹当之无愧了。

这种花独占风光三月暮。声名都压花无数。

这种花朵朵都雍容华贵，艳压群芳，巧夺天工。它不以自己的姿容争奇斗艳，仅安静地孕育着。等其他花朵都盛极而衰时，方才露出含羞的花骨朵。

在经历了一番风露晓妆新后，如一位初装的美人一般，“态浓意远淑且真，肌理细腻骨肉匀”“俏丽若三春之桃，清素若九秋之菊”“芳容丽质更妖娆，秋水精神瑞雪标”。

在东城边、南陌上这些容易照射到阳光的地方，亭台楼阁、池馆都沐浴着暖烘烘的阳光。从早到晚，游人如织，有赏花的，有买花的，车水马龙，川流不息。

在这样花姿绰约、韵压群芳的牡丹观赏盛会结束后，还有哪种花可以继承她的富丽端庄、芳香浓郁和天香国色呢？

最迷人的景色莫过于阳光照射下的宫苑内，几朵向阳的牡丹正在斗色争妍。对着花丛飞觥举觞，快快把金杯中的美酒饮下，就算燃尽烛台中的蜡烛，也莫去管悄悄来临的黄昏。

这一年，李清照与赵明诚成婚已一年有余。夫妻二人举案齐眉，恩爱如初。每一天李清照都沉浸在幸福的喜悦中，再也没有了昔日“昨夜雨疏风骤，浓睡不消残酒”的心境。

虽已嫁作他人妇，但骨子里仍是小女儿家心态。所以对于这些热闹，心中还是存了一番向往之心。

李清照是爱花的，从她的很多词句中都能看得出来，如“风定落花深，帘外拥红堆雪。长记海棠开后，正伤春时节”“随意杯盘虽草草。酒美梅酸，恰称人怀抱。醉里插花花莫笑，可怜春似人将老”等。

如今汴京的街头花团锦簇，春意闹，如此景象正合了她的心意，哪里还能在家中坐得住。

又或者是因为赵明诚外出时带回的一枝沾满春露的牡丹，勾起了她春游的兴致。

穿上瑰丽的衣衫，画上贴切的妆容，在心爱之人的陪伴下，品着美酒，畅游花丛之中，想来亦是一件美事！

但花儿虽美，亦美不过李清照脸上洋溢的幸福笑容。有夫如此，此生便没有什么遗憾了！

若说这世间女子皆是花朵，那李清照定然就是这雍容华贵的牡丹花！

倾城的容貌，绝世的才华，再加上一身傲骨，仅是伫立在人群之中，便已是万众瞩目的了。

这样的女子原本就世间少有，就像这盛开的牡丹花一般，远远观赏都会觉得自惭形秽。能与这朵花相配的，怕只有赵明诚这等青年才俊了！

世人留下咏牡丹的诗句非常多。例如，李白在《清平调》中写道："名花倾国两相欢，常得君王带笑看。解释春风无限恨，沉香亭北倚阑干。"王溥的"枣花至小能结实，桑叶虽柔解吐丝。堪笑牡丹如斗大，不成一事只空枝"等。

而李清照这首长调赏花词，写在牡丹盛开之时，以牡丹的雍容与宫苑的华贵遥相呼应，再辅以游人与花相对倾觞，从初晨到傍晚，直到秉烛。兴致不减，意犹未尽，不愿离去的心情，文笔生动活泼，别具一番风格。

这首诗中并未写明究竟咏的是何种花，因此就有了两种说法。一种是说咏牡丹，另外一种是说咏芍药。

《神农本草经》《新修本草》等汉唐人所撰的中药学书籍，就曾以"绰约"形容芍药。而诗人词中亦有"容华淡伫，绰约俱见天真。待得群花过后，一番风露晓妆新"等词句。

再者，以李清照洒脱不羁、出淤泥而不染的性格，兴许更喜欢芍药的清丽脱俗。

牡丹也好，芍药也罢，诗人此时，早已沉醉在这美景之中，因此才能写出此等传世佳句！

这些诗句成了诗人见证青春的印记。它们可能是爱情无果的忧伤，亦可能是一次次错过后的遗憾。也许正是因这种种的不如意，才让完美的人生有了缺憾，才在悠长的岁月中有了可回忆的种子。

这些种子借着江南三月的潮湿，出落成了郁郁葱葱的春天，诱惑着我们循着浓密的枝叶，去找寻那样一张熟悉的面孔。她的微笑，她的唇角，她的背影顷刻就清晰了起来。哪怕穿越了千年的光阴，那单薄的背影依然有着十足的魅力，吸引我们痴迷地去探索。

这就是你的模样了，有着温润、细腻的面孔，有着古老、优雅的血脉，亦有着风情万种的婀娜身姿。

时隔多年，还清晰地记得你的样子，就如江南的雨一般，缠缠绵绵的让人难以忘怀。

时间就这样匆匆而过，当我再次打着油纸伞，漫步在江南古老的雨巷时，你又在何方……

这世上最美的情感莫过于有一个原本和你不相干的人，懂你，知你，如此就足矣……

第三节　庶保贫与素，偕老同欣欣

卖花担上。买得一枝春欲放。泪染轻匀。犹带彤霞晓露痕。

怕郎猜道。奴面不如花面好。云鬓斜簪。徒要教郎比并看。

——《减字木兰花·卖花担上》

或是因为不再年轻，就越发喜欢回忆那些逝去的往事，那种说不清的记忆并未随着时间的流逝而消失，而是依然鲜活地在心中跳跃着。

总以为那些念念不忘的曾经，会成为一辈子的永远，然而时至今日再回首时，才发现曾经的那些伤痛是如此的浅薄，它们不过是成长路上的一粒尘埃，迷了眼睛，痛了心，等擦干眼泪继续上路的时候，那些往事也就随着风散落在尘埃里。

那些念念不忘的旧事，竟然在一念之间改变了模样。就像在这样的深夜，捧着一本纸页泛黄的旧书，努力去想那个人的模样，恨也好，怨也罢，能忆起的竟然都是快乐的往事。

总喜欢在黑暗中勾勒爱情的模样，是应该明眸皓齿，还是应该清丽脱俗，抑或只是两只苍老的手，牵着就走过了一生。

命运在前半生极其眷顾李清照。尚且待字闺中的时候，父亲给予了极度的包容和宠爱。嫁作他人妇以后，赵明诚又是日日将她捧在手里，宠爱有加，万般呵护。

李清照在赵明诚的宠爱之下，过得快乐而满足，日子也越发悠闲。

闲暇之时，夫妻二人在耳鬓厮磨之中，时常以金石、诗词为乐。人生难得一知己，而这知己又正好是枕边人，这是何其的幸运。

你转身，我经过，便是人间。你来过，我记得，便是永远。

此时，正值诗人新婚燕尔之际，心中对爱情充满了憧憬与向往。诗人截取了自己幸福生活的一个侧面，作为这首《减字木兰花》的主题立意，更加鲜活地把诗人独特的个性呈现在眼前。

“卖花喽……”

卖花之人挑着一担争奇斗艳的花朵，走街串巷，把一担春色送入寂静的宅院。

“小丫头，门外那货郎所卖何物啊？”

“禀夫人，那是卖花的货郎在叫卖！”

“你把货郎叫来，我们买几朵花吧！……等等，万一夫君认为我的容颜没有花儿娇艳可怎么办？”

“我说夫人啊！就您这容颜，就算是花儿见了，也羞于绽放呢！”

“你这花言巧语的小妮子，走……我们买花去啰……”

时间正好，阳光不燥，诗人正对镜理红妆，听见窗外卖花之人的叫卖声，心中微微一动。整日里同样的梳妆，夫君定是瞧得腻了，不如买一枝鲜花回来，插在发间可好？

诗人的目光停在卖花之人的货担上，被一枝含苞待放的花朵吸引了目光。只见花间还残留着清晨的珠露，衬托得花朵越发的鲜嫩娇艳，楚楚动人。

“春欲放”三字，表达诗人爱极了这朵花。

一个“春”字，既可以指这满目的春色，亦可以指春风、春雨。把“春”字无限放大，把所有美好的事物都囊括进来。

“泪染轻匀。犹带彤霞晓露痕。”词句以花朵上的露珠做比拟，花儿被摘以后，心生悲伤，直到此时还带着点点泪痕。让诗人心生同情，先把它捧在掌心，好好爱怜一番。

花朵披着红彤彤的彩霞及初晨的露珠，显得娇嫩无比。

“怕郎猜道，奴面不如花面好。”瞧着如此美丽的花儿，兴冲冲地想要插在发间。又忽地担心起来，若是夫君嫌我没有这朵花美丽该怎么办？

就不相信这鲜花比我还美，这就将它插于发间，让夫君瞧瞧，到底是我美，还是鲜花美……

诗人虽已嫁作他人妇，但这心中仍有小女儿家敏感的心思。

黛玉瞧见落花，便联想到自己寄人篱下飘零的身世，因此才有了千古名句《葬花吟》：

……

未若锦囊收艳骨，一抔净土掩风流；

质本洁来还洁去，强于污淖陷渠沟。

尔今死去侬收葬，未卜侬身何日丧？

侬今葬花人笑痴，他年葬侬知是谁？

试看春残花渐落，便是红颜老死时；

一朝春尽红颜老，花落人亡两不知！

春已去，荼蘼花事了。曾经娇艳的花朵如今已经枯萎、零落，风儿吹得花瓣像断了线的风筝一样漫天飞扬。

人们都忙着欣赏花儿的美丽，可又有谁会为它的凋谢感到心伤。春季过后，还有谁会记得它曾经的美丽。

……

花儿呀！今日你离去，还有我来把你埋葬。谁知道他日我死去之时，会不会有人来葬我，会不会有人还记得我这个苦命的人。

今日我葬花，世人都笑我痴傻，他们又怎知我心中所忧、所想。我与这孤苦伶仃的花儿又有何分别？

那凋残的花瓣像极了我们的青春，等花儿枯萎，人生谢幕，谁还会记得那场开在春风里的荼蘼花事。人们只记得新人笑，又有谁会记得旧人哭。真真是花人彼此不相知。

而诗人李清照瞧见鲜花，心中忐忑的却是花比人娇。都说“女为悦己者容”，就算是诗人李清照也不例外。她本已是才情双绝的难得之人了，却因为嫉妒一朵花的娇艳，心中免不了忐忑。

那种患得患失的感觉，像极了少女情窦初开的模样。

但她哪知，在赵明诚眼中，新婚妻子的一抹笑颜足以冠压群芳，任何花儿在他眼中都失去了颜色。

她就那样忐忑地站在百花丛中，用湿漉漉的眸子望着自己。和煦的阳光之下，女子肌肤若雪，透着点点粉红，娇憨的面容之上更是飞上了一抹红霞。端庄秀丽之中又透露出一股不自知的妩媚，其色娇若冬梅，艳胜春花。

“云鬓斜簪”，丰神如画，他还未瞧，便已醉了三分。

多少年之后，当诗人孤零零流落异乡之时，还能忆起此时此刻洋溢在心中的那种幸福。正是这点点滴滴的记忆，让那些冰冷的黑夜不再那么漫长。

那些柔软、灵动的诗句总能从你世俗的表面触及你内心最柔软的部分，那里没有面具，没有盔甲，有的只是一颗柔软跳动的心，左心房放着忧伤，右心房放着温暖，然后组成了眼前这个温润的你。

微风吹起往昔的尘埃，浅浅没过脚踝，像一只柔软的手，挠得人心底痒痒的。那些往事“呼”地就蹦了出来，你的坏，你的好，一如既往地相互抗衡，最后都抵不过一颗温润的眼泪，击碎了所有的伪装。

有没有那么一刻，走在喧闹的人群中，忽然孤单得想要落泪，需要紧紧拥抱着自己，才能支撑着继续前行。

却无法再告诉你，想你时，我是多么的无助与寂寞，只能书写一行行词不达意的文字，来埋葬逝去的时光。

然后把你的名字挽成一朵白花的模样，别在胸襟，只为纪念。

在记忆里把你打磨成温润的石子，毫无瑕疵，每日在心里辗转千遍。

研一方石墨，铺一张宣纸，一笔一画描绘出你的模样，有泼墨江南，有皓月当空，亦有你的笑容，刹那芳华。

坐上云端，看细水东流，任由时针兜转了一圈又一圈，无名的心终究得到了解脱。

美好的事物都无法长久，就像月有圆缺，花自飘零水自流。

或许这世间得以永恒的不过是一种简陋的淡雅，如一盏古老的油灯，一颗质朴的莲子，一朵绽放的菩提青莲。

在悠长的时间面前，谁还会记得那些曾经的情怀，伤也好，痛也罢，不过都是成长岁月中的一段插曲。浊不堪，污不净，婆娑世界，谁也挣不脱。

第四节　此花不与群花比

雪里已知春信至，寒梅点缀琼枝腻。香脸半开娇旖旎，当庭际，玉人浴出新妆洗。

造化可能偏有意，故教明月玲珑地。共赏金尊沉绿蚁，莫辞醉，此花不与群花比。

——《渔家傲·雪里已知春信至》

“驿外断桥边，寂寞开无主。已是黄昏独自愁，更著风和雨。无意苦争春，一任群芳妒。零落成泥碾作尘，只有香如故。”驿站外面的断桥边生长着一株梅花，它孤单寂寞地绽放着花朵，但无人问津与欣赏。

天色已近黄昏，四周一片寂静，仅有梅花在凄风苦雨的肆虐中苦苦支撑。梅花无意争奇斗艳去取悦世人，对于百花的妒忌与排斥也毫不在乎。依然孤傲地在枝头绽放着，花开花落，哪怕零落成泥，也依然带着往日的芳香。

陆游这首咏梅的诗句，以梅花的凄苦来感叹人生的失意。同时又以赞扬梅花孤傲的精神来表明自己高洁的品质。虽为千古佳作，读来却觉沉重。

北宋诗人林和靖，以梅为“妻”，一生不娶，爱梅为痴，与梅相伴终生，赏梅、写梅，与梅唱和，更写下多首咏梅的绝美诗句。“众芳摇落独暄妍，占尽风情向小园。疏影横斜水清浅，暗香浮动月黄昏。霜禽欲下先偷眼，粉蝶如知合断魂……”

晏殊在《红梅》中写道：“北人初未识，浑作杏花看。”白居易说：“三年闷闷在余杭，曾与梅花醉几场。”李商隐在《忆梅》中写道：“定定住天涯，依依向物华。寒梅最堪恨，常作去年花。”一树梅花万首诗，自古文人皆爱花，以梅花入诗更是何啻万首，有人咏梅花的高洁，有人咏梅花的孤傲，有人更喜梅花似女子一般的美丽。

文人爱花，女子更爱花。李清照就有多首咏花的诗句。例如，“容华淡伫，绰约俱见天真。待得群花过后，一番风露晓妆新。妖娆艳态，妒风笑月，长殢东君”“暗淡轻黄体性柔。情疏迹远只香留。何须浅碧轻红色，自是花中第一流”“红酥肯放琼苞碎，探著南枝开遍未。不知酝籍几多香，但见包藏无限意”“秋千巷陌，人静皎月初斜，浸梨花”“细看取、屈平陶令，风韵正相宜”等。

女人如花，花似梦。岁月是一条静默的河流，而青春是一条固执的鱼，为了追逐一场永恒，不惜辜负最好的年华，任霜华爬满了鬓角，任岁月雕刻一张沧桑的面孔！

每个人都固守着一座城堡，有高高的象牙塔，有吊脚的风铃，有面目温润的王子，亦有曲径悠长的花圃。

同是咏梅的诗句，我却更喜李清照的这首《渔家傲》：“造化可能偏有意，故教明月玲珑地。共赏金尊沉绿蚁，莫辞醉，此花不与群花比。”

“忽如一夜春风来，千树万树梨花开。”大地一片银装素裹，偏有一枝红梅孤傲地跃然枝头，用火红的生命，燃亮了整个冬天。

冰雪中的梅枝像精雕细琢而成的温润珠玉一般，点缀在枝头的梅花似女子娇俏的容颜一般丰润、细腻。一束束梅花含苞待放，在冰雪中露出娇羞的花蕊，那一阵阵芳香令人沉醉。就像庭院里出浴的女子刚刚上了新妆一般，那么惹人怜爱。

上天仿佛格外地偏爱，所以让这个夜晚如此美好，一轮明月玲珑剔透地照耀着大地。如此花好月圆的良宵美景，让我们拿着精心准备的“金尊”喝着“绿蚁”一醉方休，共同来欣赏月色中梅花的美好吧！请不要以酒量不好来推辞。虽然梅花从不与群花比，但群花也都自知比梅花逊色几分啊！

“绿蚁新醅酒，红泥小火炉。晚来天欲雪，能饮一杯无？”邀三两知己，围炉煮酒，击节唱和，月下抚琴，与梅花相伴。夜色虽然清冷，诗人的心中却是火一般地热，自是感受不到这份清冷了。

瞧见的都是梅花的“琼枝”“旖旎”，与“玉人浴出新妆洗”。这世间所有的相见都讲究缘分，于人如是，于花与景亦如是。因为喜爱，便能看破那凄冷的外貌，瞧出几分喜悦与希翼来。

此时，虽然是冰雪覆盖，寒冷肆虐，但梅花开了，春天还会远吗？

这样充满诗意的夜晚，你该在哪里徘徊？是站在时光的岸边，去追逐逝去的青春；是守着那一片金黄的菜畦，一遍遍翻种记忆的种子；还是只静默地坐在窗前，遥望那一片闪烁的星辰。

你是不是那神奇的传说，有着羊脂玉的温润和细腻，亦有着唐诗宋词般的忧郁和精雅，在暗夜中静静绽放成一朵花的模样，躲开众人追逐的目光，随着波光粼粼的小溪，做一朵自由行走的花。

游离在时光之外，把世俗挽成一朵别致的梅花，悬挂在女子的鬓角间，在回眸一笑中，相约百年。

你的模样逐渐永恒成一幅水墨画，有挺拔的风骨，亦有如水的温情，传说成故纸堆中的神韵，变成唐诗宋词中的诗句，口口相传。

谁能看清俗世中你的模样，时而清晰成一张唐卡，供世人景仰，时而又模糊成一片烟雨，乘一叶小舟，在翠绿的河水中随波逐流，任雾影憧憧，烟波江雨。

我喜欢的风景应该有着秀丽的模样，干净而脱俗，没有人群的拥挤，亦没有世俗的叫卖，有的只是一树一树的梅花开。我和你并排悠闲地坐在秋千上，细数飘落的花瓣，以及被镂空的时光，静寂成一块温润的古玉，静静地挂在岁月的腰间，变成不朽的传说！

在这样一个隆冬，李清照瞧见窗外的梅花，不由得为之心动，瞧着梅花娇俏的容颜，提笔写下这样的诗句。

或许，心爱之人站在一旁红袖添香，两人就如何遣词造句也会有一番争执。最后那人微笑着退让，让她占了上风。

温润如他，深通夫妻相处之道，因为爱她，所以宠她、怜她、让她，看着她“香脸半开娇旖旎”的娇嫩容颜，眸子中就漾开一股浓浓的宠溺。

如这世间女子似梅，那男子就应是“寒梅点缀琼枝腻”。如此才能相辅相成，相得益彰。

诗人笔下的女子有多种模样，或清秀，或妩媚，或妖娆，或淳朴，都被世人追捧、爱恋。

诗人写梅，亦写人生。诗人写花，亦写酒。花的端庄秀丽搭配酒的率真与狂放，岂不正是诗人内外的真实写照。

读着这样的诗句，视野仿佛一下子就被拉到了那一年的冬夜，诗人坐在月下，与友人把酒言欢，开怀畅饮的模样，像极了那晚的月色。

“造化可能偏有意，故教明月玲珑地。”老天岂不是非常厚爱她，给了她倾世的容貌，绝世的才华，以及幸福到极致的爱情和婚姻。或许诗人的一生太过完美，惹得老天都跟着嫉妒，才会为她安排了后世的那些颠沛流离吧！

抓不住的，何不送一程。山一程，水一程，而我始终在你身后，不离不弃。或许，这就是爱情！

第五节　晚来一阵风兼雨

晚来一阵风兼雨，洗尽炎光。理罢笙簧，却对菱花淡淡妆。

绛绡缕薄冰肌莹，雪腻酥香。笑语檀郎：今夜纱厨枕簟凉。

——《丑奴儿》

“春天的原野里，你一个人正走着，对面过来一只可爱的小熊，浑身的毛活像天鹅绒，眼睛圆鼓鼓的。它对你说道：‘你好，小姐，和我一块打滚玩好吗？’接着，你就和小熊抱在一起，顺着长满三叶草的山坡‘骨碌骨碌’滚下去，玩了整整一天。你说棒不棒？”每每读到村上春树这段文字，总会想起你像刺猬般乌黑的头发，眼睛里就会有抑制不住的笑意！

或许，我们努力追寻的幸福，不过是一只飞过的蜻蜓，随意落在了那人的肩头，随着一曲笛声轻轻颤动着翅膀，日子就一天天地过去。

又或许，幸福只是一次旅行，若不是沉醉在蔚蓝色的洱海湖畔，就是流连在碧绿的草丛间，牵一匹瘦马，吟诵一首关于“晚来一阵风兼雨”的旧诗。

而我则静静地跟在你的身后，深一脚浅一脚地不曾远离。初春的月光冷冷地照着篱笆，像是谁心中的白月光一般。

我和你并排躺在带着清香的草丛里，笑起来就像两只在草丛中打滚的小熊！

如此，或许就是幸福。

傍晚的清风，带着丝丝凉意，亦带来了一阵细密的雨丝。

这场突如其来的阵雨洗去了连日来的暑热，让天气也跟着变得凉爽了起来。

如此适宜的时刻，适合放松心情，惬意地眯着双眼，喝一杯冰凉的果酒，闭上眼睛，感受那份清凉滑过胸膛的畅快感觉。

因此，遇见了他，日子便不再琐碎，身体里幸福的感觉仿佛每时每刻都在疯长，哪怕是一个雨后的黄昏，都想让诗人为他弹奏一首“笙簧”，再“却对菱花淡淡妆”。

“女为悦己者容”，对镜理红花，再敷上一层薄薄的晚妆，娇俏的面容欲语还休。我不说，你亦能懂我的柔情万种，眼眸流转间，时光便从指尖匆匆流逝，花开花落间便是一生，如此，你说可好？

褪去厚重的锦衣，仅着绛红薄绡的中衣，欺霜赛雪的肌肤在纱衣下若隐若现，为诗人更增添了几抹风采。初浴后的微香随着阵阵微风涌上心头，还未开口便已沉醉。

瞧着那人迷离的眸子，诗人抿唇微微一笑，轻启朱唇道：“郎君，今晚月白风清，便连纱橱、竹席都那么凉爽呵！”

想来此时的赵明诚，面对这样的如花美眷，只能痴痴然忘却人间寒暑了。

天地静默，夏夜凉如水，月夕花朝。如此良辰美景，与心仪之人相伴相拥，时间静默地流逝，似梦似幻，生怕一开口便会打破这份美好。

她仅着薄薄的纱衣，身上还带着沐浴后的微香，一头浓密的秀发散落在他宽厚的肩膀上。她娇俏的容颜紧紧依偎着他，伴随着清浅的呼吸，睡意全无。

他的一双眸子亦是紧紧望着她，借着皎洁的月光看她那薄薄纱衣下的晶莹肌肤。他的呼吸逐渐粗重了起来，打破了夜晚的寂静。

眼前这一切仿若梦境一般，她怕一觉醒来，自己又回到了沉闷的闺房。她情难自禁地伸出手，轻抚他温润如玉的容颜。

心中忽地紧张了起来，不知怎地，竟然娇嗔地笑着开口说道："夫君，夜色这般凉爽，倒显得纱橱、竹席都有些凉了。"

说完心中便生出许多懊恼，绯红的面颊扎进他温暖的怀抱，再也不肯抬起头来。

"凤髻金泥带，龙纹玉掌梳。走来窗下笑相扶。爱道画眉深浅、入时无。弄笔偎人久，描花试手初。等闲妨了绣功夫。笑问双鸳鸯字、怎生书。"

拿着龙形玉梳，用凤钗把一头秀发梳成髻。女子走下床来，含笑依偎在男子的怀中笑着问道："不知道眉毛的颜色深浅合不合适？"

她伸出纤纤玉手把玩着笔筒，长久地依偎在男子身边，试着描画绣样，却不知心思完全不在绣花上，一来二去反倒把绣花给耽误了，于是便懊恼地笑着问："夫君，你说这'鸳鸯'二字该怎么写？"

此诗出自欧阳修的《南歌子》，这首词形象地描写了一位娇憨可爱、温柔可亲的新婚少妇形象，与李清照的这首《丑奴儿》相得益彰。读罢词中所写的人仿佛跃然纸上，施施然在你眼前一般。

或许是爱屋及乌，她喜欢陪他一起研究金石。他亦喜欢陪她一起舞文弄墨，这让他们志趣相投、恩爱默契。

从史料记载来看，李清照和赵明诚夫妇是宋代著名的文物收藏家与鉴赏专家。在他们成婚之前，赵明诚就是个当之无愧的金石学家。李清照嫁给赵明诚以后，积极向他学习金石方面的知识，很快也成为这方面的翘楚。

李清照和赵明诚一起饮酒、写字、读书，一起鉴赏金石，一起月下赏梅……种种乐趣，屡次出现在李清照后期的作品里。

要有多勇敢，才能念念不忘。

记忆的纸张依然泛着浓浓的墨香，书中的文字一笔一画都勾勒得非常清晰，并没有因为时光渐远而有丝毫的疏忽。

只是，时过境迁，在若干年后再去阅读那样的故事，曾经让人肝肠寸断的情节，如今读起来竟然是那样的淡定与从容！

时间镂空了思念，记忆踩着白色的月光，蜕变成一朵自由行走的花，有时别在衣襟，有时风干成一枚书签，追忆着这样那样的往事。

一如那日她身穿半透明的纱衣，依偎在他的怀中，红着脸儿说：“今夜纱厨枕簟凉。”

第六节　柔肠一寸愁千缕

寂寞深闺，柔肠一寸愁千缕。惜春春去。几点催花雨。

倚遍阑干，只是无情绪。人何处。连天衰草，望断归来路。

——《点绛唇·闺思》

当喧嚣的城市在晨曦中睁开惺忪的双眼，当一缕薄雾缠上树梢，当一声清脆的鸟鸣划破天际，当我开始站在铜镜前练习微笑时，我知道，离你的归期又近了一天。一场雨，让天气又添了几分清冷。

曾隔着光阴的时空一遍遍在你的世界流连，探寻到的不过是一些华丽的辞藻和唯美的篇章，那些关于心底的记忆都被厚厚的油彩掩盖，就算是风也掀不起一丝丝涟漪。

不去想那一蓑烟雨下，掩藏着多少聚散离合，不去揣测油纸伞下笼罩着怎样的愁怨，只愿跟着离人的脚步，深深浅浅地向远方蔓延，步步生莲。

梦中立于水岸、舟头的白衣少年，常常变换模样，在似水流年里如昙花一般，渐行渐远。

在晨曦的薄雾中，留下依稀的背影，仿着昔日的模样，唱一首若即若离的情歌。

南方的细雨幻化成北方的流沙，于紧握的掌心中悄然滑落。

只留下一枚嫣红的朱砂，在漆黑的夜色中熠熠生辉。

我习惯倚着时光的门楣，坐在岁月的褶皱中，去怀念那一段遥远的旧光阴。

在那个芳菲的春日，他站在一棵白梨花树下，为她披上火红的斗篷，目送她远行。

成婚多日，早已习惯了他在身旁陪伴。一日不见便仿若隔了三秋。

陡然间，他要远行。她感觉心里忽然就陷落了一大块，空荡荡的让人难受。

虽然心中有万般不舍，但朝廷的局势又岂是她一个小女子能够改变的，只能扯着他的衣袖，哽咽着不肯放手。

他一定满眼都是宠溺，伸手勾勾她晶莹剔透的鼻尖，附在她耳边轻声说一句："傻丫头，莫要再哭了。等着我，我一定会回来接你的。"

她不禁羞红了脸，嗔了他一句，破涕为笑。

她打马而去，始终不肯回头瞧他一眼。她怕，只要一回头，她便再也迈不开脚步。

那一年，新婚的李清照和赵明诚短暂分别。

她人虽然走了，但魂魄仿佛也跟着他去了，整个人都失魂落魄了起来。就连梳妆都懒了，坐在闺房之中发呆，瞧着院中那架秋千空荡荡地摇来摇去。

心底的思念就像决了堤的洪水一般，把她溺在水中央，怎么也挣不脱。

为了排遣心底的犹豫和思念，她提笔写下：

寂寞深闺，柔肠一寸愁千缕。惜春春去。几点催花雨。

倚遍阑干，只是无情绪。人何处。连天衰草，望断归来路。

暮春时分，深闺之中的寂寞越发显得冗长，只因缺少了身旁陪伴的那个人，一寸柔肠便有一千缕的愁绪。越是珍惜那个人，那个人就越要离去。

就像春天虽然美好，可惜太过短暂，尚来不及细细品味，便已悄悄地流逝。

恼人的春雨偏来凑热闹，摧残着枝头的花蕊，一地落红与泥泞。

倚遍了府中的栏杆，也没有寻到一处热闹，可以用来缓解心底的落寞，整个人也越发显得无情绪。

站在高高的楼台之上，只看见楼台之上，芳草萋萋，人在何处？望断了良人归来的路。

良人呵！良人，陌上花开可缓缓归矣。

世间女子所求的幸福，不外乎一份长长久久的相伴。只要有了心仪之人，便会盲了一颗七窍玲珑心，再也看不到旁物。

就算聪慧如李清照，也会因为一场相思而愁肠千缕，肝肠寸断。

“倚遍阑干，只是无情绪。”这是一种惶然的恐慌。

李清照这首《点绛唇》，是写于她与赵明诚新婚后的第一次变故。

因“元祐党人”事件，李清照第一次与赵明诚两地分离。

“爱别离，求不得。”种种思念与担忧积压在心头，让这个无忧无虑的少女首次有了忧虑。一方面忧虑爹爹的前程，一方面又忧虑自己与赵明诚的感情。

可她什么都做不了，只能遍倚栏杆，痴望着墙外的芳草萋萋，哪怕望断了天涯路，也未曾瞧见那人的踪迹。

关于“元祐党人”事件，《宋史》中曾有详细的记载。

“元祐党人”事件，是以王安石为首的变法集团的新党，与以司马光为首的反对王安石变法的旧党之间进行的斗争。

元祐末年秋，亲善旧党的高太后病逝，16岁的宋哲宗开始亲政，至此新党得到重用。罢黜范纯仁、吕大防等旧党，大力提拔章惇、曾布等新党。

新党为了巩固势力，亦开始借助朝廷的力量打压旧党中人，企图把旧党一网打尽。

苏轼、秦观、黄庭坚等旧党一派均遭贬谪。李清照的父亲李格非也因此受到了牵连。

在宋哲宗治理之下，虽然“天下人心，翕然向治”，但因其身体孱弱，年仅24岁的宋哲宗赵煦病逝。

不久后，宋哲宗之弟宋徽宗即位。

此时新党领袖蔡京受到了宋徽宗的赏识，被提拔为宰相。

在他影响之下，宋徽宗再次推行新法。而新党为了一举铲除旧党，对旧党的打压也日渐恶化。

赵明诚之父赵挺之深通审时度势之事，再加上是蔡京的坚决拥护者，因此亦得到了朝廷的重用，官居副宰相。

《宋史》里面有一段苏轼对赵挺之的评价。他说："挺之聚敛小人，学行无取，岂堪此选？"可见苏轼对赵挺之颇有微词。

赵挺之受到重用，对于赵家来说原本是极大的喜事。

但李清照的父亲李格非因与苏轼及其门下弟子往来密切而受到牵连，被归为"元祐党人"。

作为"元祐党人"之女的李清照自然也受到了牵连。

为救父亲，李清照曾写信向赵挺之求救，但被拒绝。因求救不得，李清照写下"炙手可热心可寒"的诗句，从此对赵挺之心生嫌隙，逐渐冷淡。

宋徽宗崇宁二年九月，朝廷颁发法令："宗室不得与元祐奸党子孙及有服亲为婚姻，内已定未过礼者并改正。"

赵挺之有意攀附皇族血脉的"天水赵氏"，对外常自称"天水郡赵挺之"。自然对旧党一派越发冷淡。

李清照作为李格非的嫡女，自然也难逃干系，饱受牵连。

一面是爱她、宠她的爹爹，一面是她深爱的丈夫。抉择之下，她不忍见爹爹入狱，也不忍见赵明诚为难，只能只身离开汴京，回到了明水老家。

至此，李清照与赵明诚开始了新婚以来的第一次别离。

虽然此次仅是新党与旧党之争，但对他们夫妻二人来说，又何尝不是一次考验。

对于这次考验，李清照心中没有底气。她不知晓赵明诚会不会受到局势和父亲的胁迫至此与她离了心，她再也等不到他的到来。

所以才会写下“人何处。连天衰草，望断归来路”这样的诗句。

岂止是赵明诚来时的路上芳草萋萋，她的人生之路又何尝不是如此呢？

伤离别。江南雁断音书绝。音书绝。两行珠泪，寸肠千结。

伤心长记中秋节。今年还似前年月。前年月。那知今夜，月圆人缺。

——宋·何梦桂

离人心上秋，这离别真是令人伤感啊！就连南方的鸿雁都无法捎回你的信息，自你走后，音信全无。每日里望穿秋水，望断了天涯，也不见你熟悉的身影，两行珠泪，肝肠寸断。

想起之前的中秋节，我们在一起赏月、嬉戏，仿佛还似昨日一般。今晚的月亮就像那日一样圆，可是你不在身边，空守着这轮圆月只能徒增哀愁。我们却无法团聚。

唐代著名女诗人薛涛曾在《送友人》里这样写道：“水国

蒹葭夜有霜，月寒山色共苍苍。谁言千里自今夕，离梦杳如关塞长。”

诗中虽未点明所送友人究竟为何人，我却只想到让她牵挂一生的那个人：元稹。

那一年她只瞧了他一眼，便在心底认定了他，从此飞蛾扑火，至死不渝。但她的满腔热情和爱恋也只换得劳燕分飞，两情远隔。

那人终究没有再回来，哪怕走时蜜语甜言，写来的书信情意满满，但时间和距离终究冲淡了一切。

哪怕一封封饱含深情的“薛涛笺”，亦无法挽回那人的心。从此只能苦守着心底的那份渴望，孤独到老。

想来李清照心中亦是有这份担心的，害怕此次一别，便成了永别。

再美好的感情也抵不过似水流年，谁知道那人还能忆起几分她的好啊！

他给她的爱带着江南的风韵，时而缠绵，时而浓烈，时而清冷，时而宁静。像薄荷一般散发着幽幽的香气，曾让她无比地痴迷、沉沦。

她喜欢在暮色中，一根根地数他的睫毛，然后又在他的眸子里寻找整个世界。

她曾以为只要他们相拥着就能度过一生，一起度过每一个朝朝暮暮，写一首首动人的情诗，让他们之间的故事像一坛老酒一般，越来越香浓。那该有多好！

但多情总被无情恼，多甜美的梦都会被现实击得粉碎。

满腔热情换来的，不过是“柔肠一寸愁千缕”。

第七节　未必明朝风不起

红酥肯放琼苞碎，探著南枝开遍未。不知酝藉几多香，但见包藏无限意。

道人憔悴春窗底，闷损阑干愁不倚。要来小酌便来休，未必明朝风不起。

——《玉楼春·红酥肯放琼苞碎》

离开汴京有多少日子，她已经记不清了。

秋雨扫落了枝头的黄叶，随着风一路向北，没有停留。或许，是有些念旧吧！会想念那一池的菡萏，以及那温润的笑容。

只是往事太过脆弱，禁不住岁月的雕琢和打磨，只需俗世里的一阵微风，那些美好顷刻间就会化为尘埃。

我看到前方的路遍布荆棘，但荆棘丛中开满了艳丽的花朵，每一朵都妖冶无双，散发着曼陀罗般似有似无的香气，让人欲罢不能。

我紧紧跟在你身后，不曾远离。却在来时的途中迷失了方向，青烟、迷雾及一些艾草阻隔了视线，我能听见你在呼唤，却无法往你所在的方向挪动一步……

这才是最深的遗憾！

这世间所有的分离，都有着许多的无可奈何。若非如此又怎会有“生离死别”之说。

就像李清照与赵明诚一般，明明新婚不久，明明非常相爱，却又不得不分离。

他在喧闹无比的汴京守候，她去清冷的青州等待，两人之间仿佛有一条不可跨越的鸿沟。

而他们被分隔在两边。

“我住长江头，君住长江尾。日日思君不见君，共饮长江水。此水几时休，此恨何时已。只愿君心似我心，定不负相思意。”我居住在长江的上游，你居住在长江的下游，虽然日日夜夜都在思念你，却不能去见你，唯一值得庆幸的是，我与你同饮着长江水。

悠悠的长江水什么时候才会枯竭，我心中的离愁别恨什么时候才能停止，只要你的心如我一样对彼此坚守，那就不会辜负我对你的这番情意了。

我想，李清照每每凭栏眺望远方时，心里定然也会有这样的想法，只愿君心似我心，定不负相思意！

红酥肯放琼苞碎，探著南枝开遍未。

不知酝藉几多香，但见包藏无限意。

道人憔悴春窗底，闷损阑干愁不倚。

要来小酌便来休，未必明朝风不起。

傲立雪中，冰清玉洁的梅花，历来都是文人墨客争相咏颂的对象。关乎咏梅的作品特别多，但能写出梅花风骨和精髓的作品并不多。

而李清照这首《玉楼春·红酥肯放琼苞碎》是非常著名的咏梅词，当属同类诗中的佼佼者。不仅把梅花写活了，更把赏梅者的矛盾心情表达得淋漓尽致。

原本赏梅之人心头烦闷，做什么都没有心情，却被窗外一枝独秀的梅花所吸引。这份惊喜暂时压制住了心头的苦闷，带着喜悦的心情去赏梅。

可梅花才赏了一半，就想起曾经与你一同赏梅的日子。好不容易消散的苦闷，再次涌上了心头。

宛如红色凝脂一般的梅花，正是含苞吐萼之时，南枝落，北枝开，犹如琼枝一般的梅枝上，仅开了几朵星星点点的梅花。梅花虽然尚未开放，但梅蕊中蕴藏的幽香，已经悄悄散了出来。可想而知，若是梅花完全绽放了，将会是怎样的香气袭人啊！

诗人心情烦闷，连绣楼都懒得出，仅坐在窗前望着窗外的梅花。若是从前她早就该凭栏眺望了，可如今她连栏杆都懒得倚了，只是坐在屋子中发呆。

诗人这两句“道人憔悴春窗底，闷损阑干愁不倚”，把名门闺怨描写得淋漓尽致。

想要观赏梅花的话就趁着天气尚好快些来吧！莫要等到明天起风了，破坏了眼前的好景致。

“花开堪折直须折，莫待无花空折枝。”诗人写这首词的时候，定然是希望留在汴京的那个人，趁着年华正好，早日前来寻她！

面对现实的种种，作为一个女子又能奈若何呢？只能选择委屈自己，希望自己的万般委屈，那人都懂罢了。

如果她与赵明诚之前的爱情像一朵盛开的鲜花，那么这些俗世的纷争对她来说就像一枚苦果，只能自己悄悄地吞下，任由她百转千回，痛彻心扉。

身为人妻的她还要在人前装出一副宽容大度的模样，不与人计较。

不与人计较就意味着要委屈自己。

读罢这首诗不禁怜悯起这世间所有嫁为人妻的女子来，曾经是那般被父母娇宠着捧在手心，含在嘴中怕化了，捧在手里怕摔了。但嫁为人妇以后，就要马上变成一副铜皮铁骨的模样，任世间风雨侵袭也只能独自忍受。

而那人，许是正坐在绣帐里搂着娇妾忘乎所以。

哪里还记得临走时对她的承诺。

或许那一声“珍重”，便成了永别！

如此心思细密地堆在心头，压得诗人喘不过气来，娇俏的丫鬟又岂能读懂她的心事，只能每日里逗她开心。

柳永在《凤栖梧》中写道：“衣带渐宽终不悔，为伊消得人憔悴。”衣带逐渐宽了，人也消瘦了，但我不后悔为了思念她而日渐憔悴。

世间男子皆薄幸，又有几人能做到诗中所写这般“为伊消得人憔悴”。或许没有答案。

“相恨不如潮有信，相思始觉海非深。”想来若不是朝中强烈的朋党之争，她的父亲就不会获罪，她与夫君就不会别离！

月有阴晴圆缺，只是月圆时，那人会来吗？

我走的时候，正是梅雨季节。那一场雨来得及时，掩盖了我一脸的忧伤。兜兜转转那么久，我以为已经把你妥善安放在心底，保你无忧，保你不再颠沛流离。

但若你的眸子结了冰，我的世界就不复存在了。

第八节　不卷珠帘，人在深深处

草际鸣蛩，惊落梧桐，正人间、天上愁浓。云阶月地，关锁千重。纵浮槎来，浮槎去，不相逢。

星桥鹊驾，经年才见，想离情、别恨难穷。牵牛织女，莫是离中。甚霎儿晴，霎儿雨，霎儿风。

——《行香子·七夕》

儿时的记忆中，西王母是多么的不近人情。仅仅因为个人喜好，就硬生生地拆散了一对恩爱的夫妻。因天河阻隔，一对痴人遥望千年，最终化为银河里闪烁的星星。

每每外出，依然会对着星星傻笑。思绪就会脱离控制，缥缥缈缈的没有分量。

记忆中的爱情，仍停留在千年以前，曾经为反叛礼教，双双化蝶的痴，抑或是凄凄惨惨的小女子，独自倚着花杵落泪。心事悠悠浮上心头，挥之不去。

如今七夕被称作“中国情人节”，颇具纪念意义，更有文人墨客为此写下洋洋洒洒的精美诗句。

自古以来和七夕有关的诗句很多。例如，杜牧的《秋夕》：“银烛秋光冷画屏，轻罗小扇扑流萤。天阶夜色凉如水，坐看牵牛织女星。”还有范成大的《鹊桥仙》：“新欢不抵旧愁多，倒添了、新愁归去。”都是流传千古的名句。

说起《鹊桥仙》，我却独爱秦观的这首：“纤云弄巧，飞星传恨，银汉迢迢暗度。金风玉露一相逢，便胜却人间无数。柔情似水，佳期如梦，忍顾鹊桥归路。两情若是久长时，又岂在朝朝暮暮。”

单单一句“两情若是久长时，又岂在朝朝暮暮”，就已经流传千古，被世人传诵。

秦观工诗词，善写男女情爱，也有感伤身世之作流传于世，风格瑰丽旖旎，婉约含蓄。

初识秦少游，源于他与苏小妹的一段传奇姻缘。虽然历史上并没有任何史料记载秦少游娶过苏小妹，我却执拗地相信才子与佳人相遇，必定会掀起波澜，发生一段传奇故事。但传奇终归是传奇，读罢，只觉赏心悦目，至于历史背景就懒得去考证了。

试想，写下那么多缠绵悱恻的爱情句子，如若无情，又怎能打动万千读者？如若无情，又怎会牵肠挂肚，自比牛郎“纤云弄巧，飞星传恨，银汉迢迢暗度”？

诚然，有情人终成眷属。但其间的幽幽愁绪，满满相思，万千幽怨，自不是外人能懂。我们看到的仅仅只是一个完美的结局，又有谁去考证诗人心中的百转千回。

世人颂扬仕女图的美轮美奂，我却只看到华丽服饰下的幽怨和落寞。漫漫长夜，遥望一片灯火繁华，我的寂寞你不懂。

罢，罢，罢，就让我盛装坐成一尊无情的雕像，如此，是不是就能挽留逝去的年华？

一入侯门深似海，当时的门第观念，于女子是一道鸿沟，于男子又何尝不是？庭院深深深几许，伊人独坐楼台，伊人修得满腹诗词，自也目空一切。

寂寞来自何处？寂寞源于无人能懂！

牛郎织女恨什么？恨门禁太严，恨银河太宽，恨鹊桥太长，恨思念太苦，恨有情人不能长相厮守！于是有了“两情若是久长时，又岂在朝朝暮暮”。两情就算能长久，可生命有限，错过了这一世，你所谓的诺言，也都只是空。

李清照的这首诗创作年代不详，大致写于婚后离居时期，借牛郎织女的爱情传说，来表达自己哀怨的离愁和缠绵悱恻的相思之情。

细细读来，与《菩萨蛮》有几分相近之处，同样是以景拟人，同样是婚后独居，虽时间不同，思念却终始如一。

《菩萨蛮》中“归鸿声断残云碧，背窗雪落炉烟直”，着重通过视觉和听觉描写，通过大环境和小环境的反差，衬托出内心的寂寥、落寞之情。《行香子》中“草际鸣蛩，惊落梧桐。正人间、天上愁浓”，同样是听觉和视觉转换，用感伤、凄凉的听觉效果，衬托出离人愁浓，读来更觉凄凉。相比之下，我更偏爱后者，想是因为牛郎织女的传说一直在身边，从未离去。所以第一眼就瞧出了亲切，心中自是欢喜。

读李清照的诗，感觉要在特定的环境下才能读出味道。诗人是安静的，从每一个词组中都能感觉得到。这种安静是可以传染的，哪怕心绪复杂，也能瞬间平复下来。诗人是寂寞的，寂寞就像一首凄楚哀怨的情歌，在唇齿间萦绕不绝，已成绝唱。

所以，在安静的环境下，再配一首古色古香的曲子，细细去品味诗中的韵味，你会觉得诗人原来离你这么近，仿佛伸手就可以触碰到她含羞的容颜。

诚如走进了恍如隔世的梦境，举手投足间都受其影响，牵动内心最敏感的神经，眼眸一热，已是泪流满面。为此，我称之为“共鸣”。

试想一个女子，或者年轻，或已不惑；独守空闺，独居异乡；举目无亲，所托非人；过去的思念犹在，如今已苦不堪言。在那样一种环境下，怎能不哀怨连连，凄苦无比？

“草际鸣蛩，惊落梧桐。”送走繁华的夏季，又将迎来萧瑟的秋天。我应该是不喜欢秋天的，目送一场场别离，毕竟是件痛苦的事。

你听，夜是多么宁静，连草丛里蟋蟀的鸣叫都显得那么清晰、寂寥。是感知到夏季的悄然离去吗？还是和我一般只因为寂寞。

梧桐叶轻飘飘地落在地面，发出“沙沙”的声音，那么轻微的声音，都可以捕捉得到，初秋的夜，真是太宁静了。星空闪闪烁烁，不禁抬头仰望牵牛织女星，相聚即意味着别离，该是一件多么痛苦的事。好在还有一年相约的期盼，而我呢？失望复失望。

如果人间也有鹊桥又如何？久别的恋人，会如期赶往桥头，奔赴一场约定吗？还是只有一句：“两情若是久长时，又岂在朝朝暮暮。”

望着云，望着月，恍然间竟觉得乘着竹木编成的筏子，来到了银河南岸。不禁放眼环顾四周，希望能找到传说中的牛郎和织女，感知他们的千古绝唱，想必心情也会跟着好起来。毕竟，看有情人终成眷属，是件非常愉悦的事。

然而，天河岸边不见织女摇梭，不见牛郎岸边饮牛，雾锁重重，亦不能与牛郎织女相遇。

一个人去，一个人回，终是孤单，原以为天上人间能使我忘记种种过往，却不想愁绪更浓。

明月如霜，想必此时鹊桥已经架起，牛郎和织女也该相会了吧？分别一年，只争一夕相会，纵然心里有万般不舍，也只能化作清泪涟涟，四顾无言，一句“你好吗”，千言万语已凝噎。

不必说，不必说，我知你心中万千愁怨，我知你容颜渐老的沧桑。请你一定要珍重，明年此时，我亦在此等候。哪怕，已过了千年。

这时，月光暗淡，一会儿晴，一会儿阴，一会儿雨，一会儿风。牛郎和织女已经黯然别离了吧？一个往左，一个向右。莫回头，莫回头，“一壶浊酒尽余欢，今宵别梦寒”。

渺万里层云，千山暮雪，只影为谁去。

一句：“问世间情为何物，直教人生死相许？”就已经肝肠寸断。

记忆中有个女子：“冰雪聪明，花容月貌，肌肤胜雪。”着一袭鹅黄色的裙衫，出落得如一朵淡雅的荷花。分开芸芸众生，住在心里，再也挥之不去。

风陵渡一别，那该是怎样的一种相遇。只一眼，今生就认定了你，从此孤身仗剑走天涯。

当她不再是那个纯情、执着的小女孩，眼见容颜已逝，该有着怎样的不舍和留恋，我们不得而知。

从18岁到40多岁，她把人生中最绚烂的26年都给了同一个人。见过她的人惊讶她的美丽，仰慕她的聪慧。不懂她的人惋惜她的执着。哪怕：“少室山头琴未冷，风陵渡口似闻声。人间自有情难老，不信娇女白发生。”

郭襄对杨过的感情未变，人却已经生出了白发。

郭襄不是李清照，她没有可等、可盼、可想的那个人。纵使断肠崖前奋不顾身地一跳，也无法赢得那个人的心。是的，我从来不是你所爱，亦不想要什么的。我所找寻的只是在若干年后，还能像当初一样，在不经意间邂逅我的大哥哥。

那时，他必定会踩着晨曦薄雾前来，一句“襄儿”，所有的思念化为一湾碧水，冲破睫毛做的栅栏，温暖而湿润。够了够了，断肠崖前的一跳，再无须笔墨，足以诠释她的爱情。

第一个愿望，请揭开你的面具，让我瞧瞧你拥有怎样惊世骇俗的容颜；第二个愿望，请你一定要为我活着；第三个愿望，请你一定要幸福，如斯足矣。

那可亲可爱的女子啊！在悠悠岁月中老了容颜。

说起面具，又忆起了《大明宫词》中太平公主的几句对白：

“我不明白为什么，这第一次关于爱情真谛的启蒙，长着这样一副愤世嫉俗，甚至歇斯底里的面孔。它本身应是优美而深情的，伴随着温暖的体温和柔软的鼻息……

“在这个世上，没有了爱不行。太想爱，也不行，那只会增加你的失望。”

李清照是失望的，郭襄是失望的，太平公主亦是失望的。这些本不是一个朝代、一个时期的女子，却都因为爱情挣扎在希望和失望的边缘，在历史的尘埃中开成一朵朵旖旎的花。留给后人的，唯有一声叹息而已。

第九节 此情无计可消除

红藕香残玉簟秋。轻解罗裳，独上兰舟。云中谁寄锦书来，雁字回时，月满西楼。

花自飘零水自流。一种相思，两处闲愁。此情无计可消除，才下眉头，却上心头。

——《一剪梅·红藕香残玉簟秋》

每个人心底都会有一场不可触及的梦，那里必定埋葬着最美好的光阴，有欢愉，亦有烦恼。

更多的是藏着从未有过的美好，像一朵白莲静静地在午夜绽放，温暖着日后的每一寸光阴。

曾于旅途中迷上一本精致的小册子，只因扉页上粉红的淡淡字迹：“总会有一个人，让你笑得最真。”每每读到这句话，心就变得软软的。

听到一首熟悉的老歌，突然就想起那些古老的往事，想起一段尘封已久的记忆，想起那样一个明媚的少年。

想来思念一个人的时候，总能从世间万物中，抽丝剥茧般地找出与他关联之处，唇角莫名地就露出了笑意，以此来慰藉一颗孤寂之心。

想必对于忍受别离之苦的李清照亦是如此，仅凭着那一点记忆抚慰着漫长的寂寞黑夜。

时常会去揣想，分明是如此恩爱，怎么就分离了？虽然只是短暂的别离，但对于沉浸在温情之中的诗人来说亦算得上残忍了。

在她的心底应是白首不相离，日子匆匆流逝，我们相伴到老。

在你亲手搭建的城堡里，数着星星，写下一首首精美的情歌，等我们白发苍苍的时候，还能品味、捧读。

那所有承受过的苦难，最后都会变得有意义。

时光那么长，那么残忍，像一把刻刀，一点点剔去纯情和真挚，只剩下圆滑和世故，好让我们从容面对这个聒噪的世界。

没有痛苦，亦没有欢愉。

在我们忘我地追逐名利的时候，纯真的时光都去了哪儿？

那样温暖又真挚的你，又去了哪儿？

时值暮秋，那一抹凉意总是在不经意间袭来，薄薄的纱衣已经抵挡不住身上的寒意，玉簟透着一股冰凉。

时光静走，轻挑雨帘，唯恐惊了窗外那仅剩的春色。荷塘里粉红色的荷花凋谢了，那一层淡淡的幽香也已消失不见了。鸿雁正在酝酿一次远行。

褪去轻柔、华贵的罗纱裙，着一身寻常的便装，孤独地登上一艘小船。远目眺望，水天一色，群峰险峻，白云卷舒。

那白云卷舒之处，会不会有人将锦书寄来？等北雁南归之时，会不会捎回你的信件？月满西楼，独上高楼，望着空无一人的远方，整颗心更加清冷。

落花流水，独自飘零。

我与你有着同样的相思，却因为无法相见，无法倾诉心中的衷肠，只好独居在两处默默忧伤。这相思的苦闷无处排遣，才舒展了眉头，又袭上了心头。

本是小女子，心中向往的无非是一种淡然的生活，做喜欢做的事，听喜欢听的歌，爱喜欢爱的人，然后仔细描绘一个未来，没有烦恼，亦没有纠缠。

风轻云淡，远离那些无谓的是是非非。

奈何命运弄人，本不是多事之人，却生于多事之秋，哪怕终日守着梦想小心度日，仍会被一些不知名的流言蜚语所灼伤。

这一首倾诉相思、别愁之苦的词，在元代伊世珍的《琅嬛记》中写道："易安结褵（婚）未久，明诚即负笈远游。易安殊不忍别，觅锦帕书《一剪梅》词以送之。"

但亦有说法，此词的创作背景为李清照与赵明诚新婚不久，李清照之父李格非蒙冤，李清照受到牵连，被迫返回家乡，因此与丈夫赵明诚分居两地。在这期间她写下了多首闺怨体的诗词，这首《一剪梅》就是其中的代表作。

在这期间，令李清照感到忧心的事情除了夫妻二人两地分居以外，还有蒙冤的父亲。她虽然四处奔走，但是也无法替父亲求得一个圆满的结局，还因此被迫离家，仅留下年迈的父亲苦苦支撑。

而赵明诚家中之人，不仅深受朝廷的恩宠，就连赵明诚也踏入了仕途，官运亨通。

冷眼瞧着京城中动荡的局势，李清照感到无比的忧心。虽然他们夫妻之间的感情并未因此受到影响，但每每思及此处，她的心中便会异常沉闷，不仅为自身的前途感到渺茫，也为了国家的前途和未来感到忧心。

因此在这段时期，李清照留下了许多脍炙人口的优秀作品。

“红藕香残玉簟秋。”此句从菡萏凋残、玉簟冰凉为切入点，不仅写明了秋天的萧瑟，也渲染了周遭的环境。以秋的寂寥来衬托诗人此时此刻寂寥、落寞的心情。

与丈夫分离之后，诗人感觉自己的人生陡然从春意盎然跌进暮色深深。什么样的景色都无法排遣心头的烦忧。

“轻解罗裳，独上兰舟。”是写诗人白天游玩的情景，换掉轻柔的纱衣，独自登上兰舟去游玩。原本是想借助游玩来舒解心头的烦忧，但思及往日双双泛舟湖上的情景，如今只影向谁去，心底又泛起了浓浓的酸楚。

“云中谁寄锦书来。”望着远处的云卷云舒，不禁暗蹙眉头，上次那封信寄出去已经有月余了，也不知道京城之中的回信什么时候会来，那人又会在信中写些什么呢？

是一吐相思之意，还是写尽他在朝为官的趣事与烦恼，抑或只是三两句淡然的问候，再也没有了当初那份炙热之心？

诗人一方面盼着来信，一方面又害怕来信，在这样矛盾心理的驱使之下，她的内心又怎能快乐无忧呢？

“雁字回时，月满西楼。”原本是想借着鸿雁捎来你的音信，又害怕思念太重，鸿雁承载不动这份忧愁。独自登上西楼，极目远眺，远方被一片雾霭笼罩着，哪里还瞧得见来时的路。

“花自飘零水自流。”落花有意流水无情，这也许就是你我之间的命运吧！背道而驰，我们之间就像隔着一座巍峨的大山，阻断了我思念的目光。

“一种相思，两处闲愁。”我与你明明是同样的相思，却因为不得已的苦衷分居两地，各自忧愁。明明是有情人，却无法相见、相守，那份煎熬是何等的难以承受。

“此情无计可消除，才下眉头，却上心头。”心里这份苦闷无处排解，无时无刻萦绕在心头，就算舒展开了眉头，也会萦绕在心头。

李廷机在《草堂诗余评林》中夸赞此词为“语意超逸，令人醒目”。

这首词前后呼应，相得益彰，情感真挚、细腻，读来朗朗上口。

古诗词中写相思的诗句还有很多，如尹式在《别宋常侍》中写道：“别有相思处，啼鸟杂夜风。”

例如，黄景仁的《绮怀》：“缠绵思尽抽残茧，宛转心伤剥后蕉。”杜甫的《九日寄岑参》：“所向泥活活，思君令人瘦。”纳兰性德的《浣溪沙·谁念西风独自凉》：“谁念西风独自凉？萧萧黄叶闭疏窗。沉思往事立残阳。”王沂孙的《高阳台·残萼梅酸》：“又争知、一字相思，不到吟边。”等等。

诗词之中虽然以相思为主题的比较多，但相比之下李清照的这首不仅不落俗套，反而因为“一种相思，两处闲愁”“才下眉头，却上心头”这样两两相对、前后呼应的句子，一扫闺怨诗的沉闷与哀怨，以生动的手法写出了清丽、雅致之感。

正是因为李清照心中对夫君赵明诚感人至深的情感，才能写出一首首脍炙人口的千古佳句，让后人有了这番视觉和感官上的饕餮盛宴。

时光匆匆数年，你我皆不再是昔日的模样，每日里为了生计忙碌，鲜有时间去追忆。

也只有在这样一个飘雪的清晨，呼吸着新鲜的空气，唤醒了深埋在心底的记忆，忽然想起咫尺的你，眼泪如断了线的珠子一般，滚落在雪地上。

忍不住揣想，是如何弄丢了彼此？

还是，你一直都在心底。

我只是假装忘记你的模样，去追忆那样一段似水年华。

第十节　帘卷西风，人比黄花瘦

薄雾浓云愁永昼，瑞脑消金兽。佳节又重阳，玉枕纱厨，半夜凉初透。

东篱把酒黄昏后，有暗香盈袖。莫道不消魂。帘卷西风，人比黄花瘦。

——《醉花阴·薄雾浓云愁永昼》

已经不记得是如何与李清照邂逅的了，只依稀记得那该是一个多雨的秋天，因送走一份不坚实的感情而郁郁寡欢。

想来该是在那样的环境下喜欢上了李清照，喜欢的原因也无非是那词中戚戚然的意境，刚好合了自己的心意，然后自欺欺人地悲悯一番，少不了一场痛哭。

至于诗词背后的深意，当然懒得去深究了。

现在想来，那份曾经一度认为今生今世都无法忘却的感情，竟然在不知不觉中被岁月消磨殆尽。

不但忘了那人的容颜，就连那人的姓名都一并丢失了。只是因为李清照的诗词，还记得那样一桩往事，如此而已。

不禁哑然失笑，想必那还是强要说愁的年纪，因为年少轻狂，便肆意张扬着青春。

但终要跌跌撞撞地长大，抚着沧桑的容颜蓦然回首，才发觉曾经的天长地久，于今日看来，不过是一场华丽的演出。

曲终，必定会人散。

这首《醉花阴》在李清照词中，并非我最喜爱的，但因为一句“帘卷西风，人比黄花瘦”，也曾被我细细品味了很多遍，至此难以忘怀。

醉花阴，词牌名。又名“九日”，双调小令，仄韵格，五十二字。上下阕各五句。初见于毛滂《东堂词》，词中有“人在翠阴中，欲觅残春，春在屏风曲。劝君对客杯须覆”，词牌取义于此。双调五十二字，上下阕各五句，三仄韵。

这首词应作于李清照与赵明诚婚后不久的别离之时，恰逢重阳佳节，眼见得西风卷帘，半夜凉初透，人比黄花瘦，不禁勾起心底的相思，以悲秋为主题，来抒发对丈夫的思念之情。

东篱，来自陶渊明的《饮酒》：“结庐在人境，而无车马喧。问君何能尔，心远地自偏。采菊东篱下，悠然见南山……”后东篱代指赏菊之所。

这首词上阕写深秋的凄凉景色，下阕写九九重阳，黄昏时独自饮酒的凄凉心情，以菊喻人，以景抒情，借助景物和生活中的片段描写，把词人的闺愁、秋怨及心底浓浓的相思描写得淋漓尽致。

后人对这首《醉花阴》评价甚高，如清代陈廷焯在《云韶集》中评：“无一字不秀雅。深情苦调元人词曲，往往宗之。”

宋人王灼说：“易安居士作长短句，能曲尽人意，轻巧尖新，姿态百出。”（《碧鸡漫志》卷二）读来如吞梅嚼雪，清新爽口。

天空中薄雾浓云，从四面八方挤压过来，越压越低，不禁让人愁恨绵绵，该如何打发这一天漫长的光阴呢？

中秋时节本该是秋高气爽、长天白云，词人所处的这个重阳节却是薄雾浓云的凄凉景象。

从早到晚都处于薄雾浓云的笼罩之下，本就是“每逢佳节倍思亲”的苦恼，加之丈夫又留在异地未归，值此沉闷的天气，更让你觉得心情郁闷，百感交集。

仿佛这浓云一并连心头都覆盖了，压得人喘不过气来。

想要逃离这种沉闷的环境，于是躲在房里不肯出去，可待在房里又能做什么呢？心事无处诉说，写诗作赋更是提不起兴趣。

只是呆呆地坐着，看着兽形的铜香炉里龙脑香一点点燃尽，最后一切都恢复了寂静。一种凄凉、寂寞的感觉从四面八方包围过来，让人避之不及。

重阳佳节本该是夫妻团聚，携手登高、赏菊、饮酒、赋诗，两情依依的，可如今只是“玉枕纱厨，半夜凉初透”的无奈，以至于百无聊赖，夜不成寐。

“佳节又重阳”点明丈夫离开已经一年了，至今归期遥遥，只余词人守着花开花落，孤寂地度过重阳节。

是谁说“每逢佳节倍思亲”，仿佛那些离愁别绪一直在心底堆积，压得人喘不过气来。偏偏窗外的喧闹，毫无缘由地闯了进来，把精心编制的伪装撕得粉碎，顷刻间便泪流满面。

秋天，本就是离别的季节。当离人面对深秋，心底该是怎样一种彷徨无措，离人啊离人，你知不知、知不知？

下阕从重阳节赏菊入手，描写词人呆坐了一天，在暮色黄昏中强打起精神东篱把酒，却不想勾起满腹的辛酸，只惹得相思更浓。

记忆中，菊花的模样一直停留在那一小簇羸弱的路边菊上，看它灰头土脸的样子，着实难以想象出菊花该有怎样清丽、孤傲的绝世风姿，引得多少风流雅士为它沉醉不已。

直到有幸一睹菊花的真容，才汗颜自己的目光短浅，那一簇簇丰姿卓越似仙子般的姹紫嫣红，在诗人笔下，妖娆了千年的岁月，依然散发着醉人的芬芳。

许是这清丽的菊，与夜空中那一轮圆月谱成了一曲哀婉、凄楚的歌，本该是人团圆，却只是“依依脉脉两如何？细似轻丝渺似波。月不长圆花易落，一生惆怅为伊多”。

此情此景在李清照眼中，也不过是“有暗香盈袖。莫道不销魂。帘卷西风，人比黄花瘦”的凄凉，又怎比得上当初你侬我侬，相依偎在月下饮酒、弹唱，于眼眸流转间，醉了一季的秋，羡煞了多少旁人。

只是物是人非事事休，欲语泪先流，只闻得新人笑，又哪见得旧人哭。那一轮圆月啊，能否捎去这沉甸甸的思念，待鸿雁归来时，满载着你的消息。

眼前一片醉人的美景，加之菊花的清香扑面而来，本该“酒不醉人人自醉”，却不想“酒入愁肠愁更愁”，良辰美景只化作一杯苦酒，浇灌着饥渴的心田，让思念疯狂地滋生，荒芜了一个季节。

黯然销魂者，唯别而已矣。晚来风急，萧瑟的秋风卷起珠帘，伴随着一阵清冷袭来，不禁搂紧了双臂，希望借此温暖自己。

唇角间浮上一抹苦涩的笑意，终究又度过了一天。只是风寒露重的漫漫长夜，又该如何垂泪到天明呢？

你曾经温暖的誓言犹在耳边，只是今日人去楼空，只余我倚着慢慢长夜，遥望远方。曾经的天涯咫尺，如今的咫尺天涯，都化作一缕秋风，吹散了满溢的相思。

悲秋伤别，消愁无计，有暗香盈袖，莫道不销魂，帘卷西风，人比黄花瘦。

菊瓣纤长，菊枝瘦细，而斗风傲霜，想来菊花并不寂寞，还有我来赏识。

那我的寂寞呢？又有谁能读得懂？

那一袭白色衣袂决绝地飘扬在秋风中，那一双含情、忧郁的眸子望穿了秋水，亦望断了天涯，却无法穿透层层雾霭，来到你的身边。

只能空守着满腔柔情，辗转于暮色中，痴吟几首华美的诗句，留下一段刻骨铭心的恋情供后人去评说。

只为那三千年的誓约，我急急而来。只为奔赴那一次妄念的约定，我便抛却了世俗，倾尽余生，谱写一首绝唱，念着“一朝春尽红颜老，花落人亡两不知”！于思念中白了三千烦恼丝。

这首《醉花阴》最让我感兴趣的，是诗词背后的一件趣事："易安以重阳《醉花阴》词函致明诚。明诚叹赏，自愧弗逮，务欲胜之，一切谢客，忘食忘寝者三日夜，得五十阕，杂易安作，以示友人陆德夫。德夫玩之再三，曰：'只三句绝佳。'明诚诘之，答曰：'莫道不销魂，帘卷西风，人比黄花瘦'正易安作也。"（见《元伊世珍·琅嬛记》）

读罢，不禁唇角上扬，露出会心的微笑。想来什么荣华富贵，都抵不过得一知心人来得实在，举案齐眉，相敬如宾，那该是怎样一种幸福。

为此，我痴坐了许久，眼前仿佛出现了这样一组画面，你替我描眉，我给你研墨，抑或什么都不做，就那样静静地倾听你的呼吸，亦是一种难寻的幸福。

想来，那一段幸福的婚姻生活给李清照留下了难以磨灭的记忆，就算日后那人过早离去，只余李清照一人在战火中飘摇，那一段温情，依然温暖着李清照脆弱的心，它并没有被岁月洗涤得褪色。

反而如一杯老酒，越发醇香，在历史长河的洗礼中逐渐清晰起来，虽然历经了千年的岁月，但是我们依然能从李清照的诗句中，读出那一种刻骨铭心的爱情，和肝肠寸断的思念，随着秋风缓缓袭上心头，温暖了心底最柔软的部分，顷刻间便泪流满面。

第十一节 一别重逢岁又残

春到长门春草青。江梅些子破，未开匀。碧云笼碾玉成尘。留晓梦，惊破一瓯春。

花影压重门。疏帘铺淡月，好黄昏。二年三度负东君。归来也，著意过今春。

——《小重山·春到长门春草青》

江南的春明显多了些潮湿，一颗颗圆润的雨滴，仿佛情人的眼泪，每一滴都藏着一个故事。

行人的油纸伞在泥泞的路面开出一朵朵莲花，随着雨水漂泊，有匆忙的，有悠闲的，沿着回家的方向，不肯为沿途的风景停留。

而你从容的笑脸像一缕突破云层的霞光，瞬间就驱散了阴霾。

行走在汴京城喧嚣的街道上，听着周遭嘈杂的喧闹声，李清照感觉那颗躁动的心忽然就安静了下来，那份独属于游子的疲惫心情化作两行眼泪，缓缓流下。

那个人可还记得别离时的誓言？如今，千山暮雪，只影向谁去，那秀丽的江南，可还有一双含泪的眸子，在身后依依不舍。

含泪说着忘了、忘了，心里还在痴缠着昔日的点点滴滴，从不肯因为岁月的流转而褪色半分。

有多少个深夜辗转未眠，都是想着那人温暖的容貌，来慰藉彻骨的寒冷。

却不知，那一点希望之火，哪里禁得住世俗的侵袭，不过一朵花开的时间，那些过往都会化作尘埃，风一吹，就散得无影无踪。

留在心底的不过是初见时的模样，明眸皓齿，温婉如玉。

李清照终是回来了。她站在喧闹的街头，相隔这么久，这里的一切都未曾改变，就如她屡次梦中见到的一样。

只是花非花，雾非雾，经历了这番磨难，是否还会有昔日的心境？她不知晓。

因为受“元祐党之争”的牵连，李清照被迫回到故居明水，这一住就是三年。

三年，一千多个日日夜夜，对于正值妙龄的新婚女子来说，是怎样的煎熬与痛楚？

但好在她回来了，又回到他的身边了，这是多么令人愉悦的事情啊！

可惜那个与她一样生生分离的女子，就没有如此幸运了。

“二亲恐其惰于学，数谴妇，放翁不敢逆尊者意，与妇诀。”陆游与表妹唐婉喜结连理，恩爱异常，以吟诗作对为乐，琴瑟和鸣。

原本这样的婚姻是多少人梦中所求，但陆游的母亲不这么想，她想让陆游安于学业，有朝一日考取功名，好为陆家光宗耀祖。

因此，面对这样一份如胶似漆的感情，她非常不赞同，为了不耽误儿子的学业，生生逼着陆游把唐婉送回了娘家。

陆游舍不得新婚的妻子，便另置了一套别院，把唐婉安置其中，这样还能经常小聚，以解心头的相思之苦。

但被陆游的母亲发现后，以断绝母子关系相威胁逼着陆游休掉唐婉。以大孝子著称的陆游不敢有悖母命，最后只能含泪休了发妻。此时两人成婚仅一年左右。

后来在母亲的撮合下，陆游再娶王氏。几年后偶然与表妹唐婉相见，而她已嫁与他人为妻。

陆游心中凄楚无比，在沈园的墙上含泪写下了流传千古的名篇《钗头凤·红酥手》：

红酥手，黄縢酒，满城春色宫墙柳。东风恶，欢情薄。一怀愁绪，几年离索。错，错，错！　　春如旧，人空瘦，泪痕红浥鲛绡透。桃花落。闲池阁。山盟虽在，锦书难托。莫，莫，莫！

后来，唐婉再游沈园的时候，瞧见了陆游写下的这首诗。因此含泪挥笔写下《钗头凤·世情薄》：

世情薄，人情恶，雨送黄昏花易落。晓风干，泪痕残。欲笺心事，独语斜阑。难，难，难！　　人成各，今非昨，病魂常似秋千索。角声寒，夜阑珊。怕人寻问，咽泪装欢。瞒，瞒，瞒！

世态炎凉，人情淡薄，我都一一尝遍了。黄昏后的风雨无情地吹打着落红点点，让我落了一夜的泪。

清晨的微风吹干了泪水，空留下脸上的斑斑泪痕，想把心头的酸楚一一写下来，却又不知从何说起，只能斜倚在栏杆之上痴狂地自言自语。想好好活着怎么这么的难、难、难。

如今虽然我们还能见面，可是今非昔比啊！你娶了他人为妻，我亦嫁作了他人妇，虽然咫尺，却是天涯。如今我已身染重疾，病入膏肓似秋千索。

寒风瑟瑟，夜色阑珊，听着远方响起的阵阵号角声，心底的寒意越发的重了。此时夜已经深了，四周静悄悄的。怕是不久之后我也会被这黑夜所掩埋，再也不会有人记得我吧！怕有人问起我的哀伤，不知该从何说起，在人前强颜欢笑，只得瞒、瞒、瞒！

那一别之后，唐婉便撒手人寰，至死也无法再见她心中心心念念之人。

明明有情，却被无情恼。硬生生被拆散，最后劳燕分飞。

李清照相比唐婉，幸运了许多。虽然经历了三年漫长的分离，但今日她总算回来了，总算又能见到那个人温存的笑容了。

崇宁五年春，朝廷终于解除了党人之禁，还给李格非等人清白之名，废除了元祐党人子弟居京的旧诏，李清照才得以回京。

这番远离汴京后，又得以重回长门故地重游，让李清照心中感慨万千，因此挥笔写下了这篇：

春到长门春草青。江梅些子破，未开匀。碧云笼碾玉成尘。留晓梦，惊破一瓯春。

花影压重门。疏帘铺淡月，好黄昏。二年三度负东君。归来也，著意过今春。

春天已经来到了长门宫外，春草青青。江边的梅花尚未完全开放。

叫丫鬟取出笼中装着的碧云茶，就像碾碎的玉末一般晶莹剔透。整个人还未十分清醒，还沉醉在昨晚的好梦之中。品了一口一瓯春之后，这才沉醉在满目的春景之中。

层层的花影挤压着厚重的木门，淡淡的月光顺着稀疏的帘幕照射进来，这是多么美好的黄昏啊！

两年来三次辜负了这么好的春色，快点归来吧！一定要好好品味今年春天的温馨。

此诗以“长门宫”开篇，耐人寻味。

“长门宫”是汉武帝陈皇后阿娇因为失宠而居住过的场所，后世常以“长门宫”代指冷宫。

唐朝诗人刘禹锡曾在《阿娇怨》中这样写道：“望见葳蕤举翠华，试开金屋扫庭花。须臾宫女传来信，言幸平阳公主家。”短短几句，就描写了汉武帝刘彻的第一任皇后陈阿娇，从三千宠爱集于一身到长门宫冷的凄凉一生。

李清照用这位曾被“金屋藏娇”宠极一时的陈皇后暗喻自己心中难言的忧伤，为烘托下阕诗词的意境做铺垫。

“春到长门春草青”，写出了春天的美丽与神奇，还借着春草在经历了严冬的肆虐之后，终于迎来了春天，来暗喻诗人经历长久的分别，终于回到丈夫身边的欢愉心情。

“碧云笼碾玉成尘。留晓梦，惊破一瓯春。”那个时候宋人流行煮茶、焚香、挂画、插花，这些雅好被后人称为“宋人四艺”。

而宋人煮茶非常讲究，以宋人的点茶法为例，先将准备好的茶叶碾碎，然后放入茶碗之中，用开水点注，搅拌均匀，使茶水混合成乳状之后才会饮用。

汴京之中的春天如此美好，诗人取出收藏的上好碧云茶，碾碎煎煮，准备一边品茶，一边重温旧梦。哪知旧梦没有留住，还扫了品茶的兴致。

“花影压重门。疏帘铺淡月，好黄昏。”院中的花儿绽放得非常繁茂，一层层压在门扉上，院中越发显得寂静与美丽。

这时，一轮明月透过稀疏的帘幕照射下来，黄昏真是美丽啊！

“二年三度负东君。归来也，著意过今春。”李清照原本是个极其享受生活之人，尤其对于春天。但是因为种种原因，让她接连无心欣赏，错过了三个春天。既然已经回到了汴京，那么今年这个春天，再也不能虚度了，一定要好好把握。

李清照回到汴京之后，值得庆幸的是，赵明诚依然待她如初。他们二人谁也不主动提起那些前尘往事，只是越发珍惜这份感情。

李清照相比唐婉和阿娇，自是幸运了许多，她还有可等、可盼的那个人，而不是错付了满腹深情。

正因为如此，她才要“二年三度负东君。归来也，著意过今春”。

李清照明白，身为女子，有太多的无可奈何。在经历了这场分别之后，亦让她明白，要好好珍惜这难得的相遇，牵着那个人的手，往后余生与他“坐看云卷云舒，静听花开花落，任凭潮起潮落”。

情感抑或名利，都如过眼烟云，亦如紧握在手中的沙粒，倾心去挽留，留下的也不过是掌中那一颗鲜红的朱砂痣。

想必世间并没有红尘内外的区别，区别的不过是此时和彼时的心境。

拥有时，如掩耳盗铃般蒙蔽着双眼，离去时却又无比清晰，这或许就是世人的烦恼所在。

或许，选择在这样一个伤感的季节，道声珍重，在秋天埋下一颗希望的种子，总好过春暖花开时的枯萎凋零。

第三卷　物是人非事事休

陌上红尘，浮生若梦，三生弱水河畔，谁才是红尘摆渡人。我以为我已经把你妥善安放在心头，待到人生离愁处，方知此情深处是情伤。

第一节　情疏迹远只香留

暗淡轻黄体性柔。情疏迹远只香留。何须浅碧深红色，自是花中第一流。

梅定妒，菊应羞。画阑开处冠中秋。骚人可煞无情思，何事当年不见收。

——《鹧鸪天·桂花》

唐代宋之问的《灵隐寺》诗中有“桂子月中落，天香云外飘”之句，故后人称桂花为“天香”。

古人喜用“国色天香”来形容美人。国色说的是牡丹，而天香就是桂花。可见古人对桂花的情有独钟。

对于桂花的记忆，源于一张桂花信笺。

已经不记得信笺的主人是谁，信纸已发黄，只有右上角的桂花，依然开得香艳。

如今只闻桂花香，不见故人来。

源于李清照的这首《鹧鸪天》，不觉之中又翻出了信笺，暗自发呆。记忆仿佛又飞回无忧无虑的孩童时代。

如今撒满桂花的信笺忽然抽空，青春顿成苍凉、凄冷的荒原。

终不忍回首，只在黯然间露出一丝笑意，在唇齿间吟着“身在广寒香世界，觉来帘外木犀风”这样的句子，心也跟着惆怅起来。

连日里赏读李清照的诗句，有一股莫名的欲罢不能。回首间才发觉，原来我研磨的不是诗句，而是一段逝去的光阴。

我只须翻开记忆就能发现，那段逝去的光阴，与如今竟有着或多或少的雷同。

许是，仅仅因为这一点相似，竟产生了一种惺惺相惜之意，常望着夜空遐想，那个站在桂树下的女子，是否如广寒宫中的仙子那般寂寥？

又或者在桂树下落尽了相思，只余一点笔墨，涂抹着苍白的青春。

然后，苍凉地微笑，弹指间，竟已过了千年。

李清照一共有两首咏桂的词，一首是《鹧鸪天》，另一首是《摊破浣溪沙·揉破黄金万点轻》：

揉破黄金万点轻，剪成碧玉叶层层。风度精神如彦辅，太鲜明。

梅蕊重重何俗甚，丁香千结苦粗生。熏透愁人千里梦，却无情。

这首词采用了抑彼扬此的手法，明着贬“梅、丁香香气太俗”，暗里颂扬桂花的清雅。

最喜“揉破黄金万点轻，剪成碧玉叶层层”这两句。作者简单两笔，就抖开了一幅令人心醉神迷的画卷。

那被黄金揉碎后的点点耀眼金花，碧玉裁剪成的千层绿叶，叶密千层绿，花开万点黄。

接着又把桂花拟人，人拟桂花，明着赞扬桂花的品质，暗地里喻指人的品质。

人若如桂花一样淡雅、清幽该有多好，就不会为了些虚名劳累奔波。

人若如桂花一样守约、守时该有多好，每年如期绽放，就不会舍弃家中的妻子，而独自远行了。

这首词也应作于婚后，词人睹物思人。如今桂花开得正艳，离人在千里之外，相思而不得相见，只能梦里相寻觅，以图一梦解愁。

却不想被桂花搅了心绪，又回到残酷的现实，不禁羞恼。

明着指责桂花，暗里指责离人的无情。

这首《鹧鸪天》是以议论入词，托物抒怀，颇有宋诗之风。

借群花和梅花作比，颂扬桂花貌不出众，色不诱人，却“暗淡轻黄体性柔，情疏迹远只香留”，暗指诗人卓尔不群的品质。

站在桂树下不禁遥想，若干年后，等我芳菲散尽，还会留下什么呢？会有人记得我如水的思念吗？

心中的愁苦百转千回，枉我写下如此传神的诗句，亦不能得到你的眷顾。

眼前的桂花馨香四溢，却不忍折一枝在手。我已经备受离别之苦的煎熬，又怎么忍心让我喜爱的桂花生生离别。

桂花没有浅绿、深红那般美妙的颜色，可是有什么关系呢？它拥有浓郁的香气、温雅的体态，就足以让它成为第一流的名花了，即使颜色浅淡一点，又有什么关系呢？

梅花和菊花，一个开在早春，一个开在深秋。

梅花姿容秀丽，仪态万千，巾帼不让须眉，见到“暗淡轻黄体性柔”的桂花，却不能不生出妒忌之意。

菊花开在深秋，香气袭人，娇而不躁，冷艳孤傲，但面对“情疏迹远只香留”的桂花，也只剩下了羞愧。

想必世人太过注重外在容貌，才会有如斯的红颜，幽怨地感叹红颜易老。

如今我站在桂树下，仰望千树万树的繁华，恍惚间竟生出了一丝悲哀，数年来我所苦苦追求的究竟是什么呢？

许是当时有不少人羡慕诗人嫁入豪门，得此少年郎君。

又自小生于清白人家备受宠爱，如今更是三千宠爱集于一身，就连睡梦中的微笑，亦是醉了！

门当户对的爱情，披着耀眼的光环，竟在岁月中，脆弱得不堪一击。

你看，你看，这满地碎了的不是爱情，那只是一段和过往有关的琉璃碎片。

我想我们不是不爱了，只是分开了。

是的，我们不是不爱了，只是分开了。

低眉颔首，竟顺着眼角流下清泪少许，连眼泪都是冰冷的，你该了解寂寞已经掏空了我的身体。

娇娇弱弱站在你面前的，只是一个欲语还休的女子。

离人啊！离人，在你回首的瞬间，可曾看到我颤抖的叶片和“情疏迹远只香留”的容颜，在残秋的夜色中，独自把玩忧伤？

想必那时也是爱的，在耳鬓厮磨间生出万千情愫，你执笔，我研墨，在目光流转中醉了容颜。

只是红颜易老，光阴易逝，些许往事还在心间，而你已经冷了面容。

那令人迷醉的往事，撕扯着脆弱的心，竟然在等待中破碎成千片，娇娇弱弱地绽放成一树的桂花，独自飘香。

我想我终究学不会牡丹的刻意雕琢，我只是一朵幽雅的桂花，静静地立于路旁，吐露芬芳。

我想你总该明了，总该明了我芳菲似桂花一般的爱情。

单单如此，桂花在中秋来临之际，便理所当然地成了花中之冠。

宋代陈与义在《清平乐桂》中说：“楚人未识孤妍，《离骚》遗恨千年。”

和李清照的这句“骚人可煞无情思”都意指屈原当年写《离骚》的时候，收录了上百种草木，却独独少了桂花。

想必花和人一样，从相遇到相知，都需要缘分。

如若缺少了那点缘分，就算擦肩而过，也不会引起波澜。

如此这般甚好，不懂得亦无所谓，懂得也无须多说。就那样浅浅淡淡的一句足矣。

桂花依然无所求地开放，留给后人去评说。

就像深埋在历史长河里的，那些个不知名的女子，为了守候一份虚无缥缈的爱情，或孤独终老，或香消玉殒，或孤独吟唱着关于爱情的诗句。

这些其实都不必细说，关于爱情，没有谁能看得透，值不值得只有自己明了。

一生曾得此一份沉甸甸的记忆，挥之不去的离愁，足矣。

不要跟我说什么“天长地久”，那都是自欺欺人的谎言。试想，千百年来如若真有永远，那便是女子对爱情的那份渴求，从未改变。

只是离人在远方，浓浓的思绪穿不透距离，我和你之间相隔的不仅仅是城市。

“宋词和别的文体不同，宋词是用来演唱的。”再次想起这句话，脸上就会露出笑容。

眼前出现了一些模糊的情景，一些文人雅士，或三五成群，或独自把酒言欢。

几杯清酒入腹，顿觉豪气冲天，不禁击节高歌。时而婉约，时而豪放，把宋词演绎得活灵活现，入木三分。

或红粉佳人相邀，设宴在荷池旁，奏一曲《凤求凰》，再吟唱一首《鹧鸪天》，莺莺燕燕，余音绕梁，不知要醉倒多少痴人。

《宋史·乐志》引姜夔言："今大乐外，有曰夏笛鹧鸪，沈滞郁抑，失之太浊。"鹧鸪，似为一种笙笛类之乐调，加上词曲幽怨、缠绵，备受文人喜爱。

《鹧鸪天》的典范诗作有苏轼的《鹧鸪天·林断山明竹隐墙》、晏几道的《鹧鸪天·一醉醒来春又残》、辛弃疾的《鹧鸪天·陌上柔桑破嫩芽》等，都是传世的经典之作。

却尤喜周紫芝的《鹧鸪天·一点残红欲尽时》。周紫芝和李清照同为南宋词人，眼见国破家亡，犹如无根的浮萍四处漂流，自然多出几分感慨。

"一点残红欲尽时，乍凉秋气满屏帏。梧桐叶上三更雨，叶叶声声是别离。调宝瑟，拨金猊。那时同唱鹧鸪词。如今风雨西楼夜，不听清歌也泪垂。"

同为婉约派词人，这首《鹧鸪天》与李清照的那首《凤凰台上忆吹箫》，有很多相近之处。

"梧桐叶""三更雨""调宝瑟""拨金猊"这样的词汇，颇受当时诗人的喜好。用凄婉、曲折、含蓄的手法，描写了雨夜怀人的别情。

加上乍凉天气未寒时，眼前一片萧瑟，眼见一场离别在即，又有谁不动容、感伤？

“梧桐叶上三更雨，叶叶声声是别离。”已经是深秋了，窗外淅淅沥沥的清雨敲打着梧桐叶，一声声敲击着我的寂寞。

尽收眼底的，点点滴滴都是别离。你让我怎么不想念仍在远方的你？

犹记得那时，伊人吹起笙笛，低声吟唱着我为她写下的诗句，而我就坐在一旁拨动着金猊炉中的香灰。

一唱一和着《鹧鸪天》，那该是怎样的一幅锦瑟和鸣、乐声悦耳的画面？

时隔这么久依然无法忘怀，如今忆起的是你宛如天籁般的琴曲，还有这首写尽了相思与缠绵的《鹧鸪天》。

如今也是这样的雨天，你我咫尺天涯，唯闻风声萧萧，雨声滴滴：“如今风雨西楼夜，不听清歌也泪垂。”

短短几句写尽了离人的相思，读罢心绪久久不能平静。

这时，窗外淅淅沥沥地飘起了雨，本是初夏的夜晚，却也感觉有些清冷，环顾寂静的小屋，竟也深深地体会了诗人的孤寂。

这时，耳畔响起一首委婉、缠绵的乐曲：“我一直站在被你伤害的地方，你一直留在让我哭泣的远方。爱一直停在你曾爱我的那晚，你曾经对我那么好，现在我还忘不掉。”

爱情于李清照如是，于周紫芝亦如此。爱情添加了距离，注定就是遥遥无期的想念。

除此之外只能一个人守着一盏孤灯，一架箜篌，迎着月光，漫无目的地吹奏。

只是并无人欣赏，伯牙已矣，知音难觅，多少个寂寞的夜晚，有的只是心底泛起的泪水，淹没了记忆中你的样子。

第二节　酒意诗情谁与共？

暖雨晴风初破冻，柳眼梅腮，已觉春心动。酒意诗情谁与共？泪融残粉花钿重。

乍试夹衫金缕缝，山枕斜欹，枕损钗头凤。独抱浓愁无好梦，夜阑犹剪灯花弄。

——《蝶恋花·暖雨晴风初破冻》

这个春季和她预料的一样，有时风雨有时晴。

有一股独属于春季的骚动在悄悄酝酿，就像一场暴风雨，从四面八方涌来，把寒冷驱赶得无处躲藏。

春水天长，江南依然是一幅醉人的景色，湛蓝的湖水，葱绿的山岭，聒噪的虫鸣鸟叫，让人感觉不到一丝落寞。

曾经执着于梦中的一场花事，也曾在深夜来临时，用梦幻般的声音，向你描述理想中的国度。

小小的院子，青砖碧瓦，院落中央有一排浓密的花架，花架下有你亲手搭建的秋千，每到午后我便和猫坐在秋千上，摇啊摇啊摇。

猫在一旁睡觉，我坐在秋千上有一下没一下地绣着花，你一边摇着秋千，一边声情并茂地朗诵着诗句，时间匆匆而过，转眼我们就白了须发。

这应该就是幸福应有的模样吧？

当他的消息传来的时候，诗人正红着脸颊写着想念的情诗，长长短短的句子，浓缩了诗人一生的起起落落。

可能诗人从未想过就这样撞入那人的怀中，惊艳了时光，沉沦了梦想。

至此，所有的喜怒哀乐都与那个人紧密相连，你不在的时候，就连春天都失去了原有的色彩。

暖雨晴风，虽然驱走了冬天的寒冷，带来了些许春天的暖意，但诗人心中依然是浓浓的烦闷。枕边仿佛还留有他的余温，鼻腔中充斥着他身上的香味。

整个屋子里都是他的气息，可他不在。空留这么多温暖的回忆，让诗人夜不能寐，寝不能安，食之乏味。

嫩绿的柳叶探出了鹅黄的脑袋，枝头的梅花正在怒放，一片春意盎然的景色。

诗人压在心中多日的思念就像这春雨一般，又开始泛滥。因为你不在身边，这满目的春色该与谁共赏？又该与谁把酒言欢，诉说这酒意诗情？

想到这里，诗人不禁泪沾衣襟，温热的眼泪打湿了脸上的妆容，弄残了脸上初上的香粉，就连头上那些精美的首饰也觉得沉重无比。

诗人试穿金丝缝制成的夹衫，面对如此精美、华丽的服饰也提不起兴致来，快快地斜靠在枕头上，将头上的钗环压坏了都不知晓。

诗人心中的离愁别绪太浓，就连她最爱的春色都无法冲淡，如此清冷孤单的夜晚，她又怎能安然入睡？已经是夜深人静之时，诗人还了无睡意，拨弄着灯花，想念着远方的离人。

此时此景，诗人写下了：

暖雨晴风初破冻，柳眼梅腮，已觉春心动。酒意诗情谁与共？泪融残粉花钿重。

乍试夹衫金缕缝，山枕斜攲，枕损钗头凤。独抱浓愁无好梦，夜阑犹剪灯花弄。

三月的草已出落得妩媚至极，仿佛青葱年华的妙龄女子，不管怎样的妆容，都显得那么静雅、美丽。

无须人工雕琢，那么自然，没有半分虚假。

和煦的阳光，翠绿的枝丫，还有那含苞未放的花朵，有谁会忆起冬天的寒冷，有谁还会去怀念，那些悄然逝去的光阴。

那些光阴里有赵明诚的陪伴，便变得有所不同。

往年的此时，她与赵明诚携手相伴，在花丛中流连忘返，她依偎在他的怀里，望着他俊雅的面孔，柔情万种。

“暖日晴风初破冻，柳眼梅腮，已觉春心动。”放眼向室外望去，此时春回大地，和风暖雨，二月春风似剪刀，把嫩柳裁剪成蛾眉的娇嫩模样。枝头绽放的梅花，就像女子羞红的脸颊，到处都是一片葱茏的春日美景。

孟郊在《登科后》中写道：“春风得意马蹄疾，一日看尽长安花。”白居易在《钱塘湖春行》中写道：“孤山寺北贾亭西，水面初平云脚低。几处早莺争暖树，谁家新燕啄春泥。乱花渐欲迷人眼，浅草才能没马蹄。最爱湖东行不足，绿杨阴里白沙堤。”韩愈在《春雪》中写道：“新年都未有芳华，二月初惊见草芽。白雪却嫌春色晚，故穿庭树作飞花。”

但尤喜爱唐寅笔下描绘的桃花坞：“桃花坞里桃花庵，桃花庵下桃花仙。桃花仙人种桃树，又摘桃花换酒钱。”

每每读到这样的句子，总是忍不住去揣想那该是怎样的一番景致，才能让诗人写出如此洒脱又优美的诗句。

曾偶入一个叫“桃花村”的乡野小镇，地处极其偏僻，要穿过热闹的都市，穿过淳朴的乡镇，才能在一个山脚下寻到它的身影。

严格来说这不能算作村庄，只是一些零散的村居，遥遥相望组成的一个大家庭，有些人家住在山腰，有些人家就把房屋搭建在路边，青砖绿瓦和满山的桃红相映成辉。

村庄被大片的油菜花所包围，风一吹，便飘来阵阵花香，夹杂着田间农人粗犷的歌声，那一刻我竟有些沉醉。

“酒意诗情谁与共？泪融残粉花钿重。”诗人把女子特有的细腻、敏感的思绪刻画得淋漓尽致。面对如此美好的春日景致，原本应该抒怀畅游，但因想到自己形单影只、孤独寂寞，想到离家尚未归来的赵明诚，诗人心中的烦闷更甚。

想起以往与赵明诚研究金石，烹茗煮酒，吟诗作赋的美好时光，再与今日的深闺寂寞对比，心底有了很大的落差，不知不觉中落下的泪水湿了脸上的新粉，就连头上戴着的花钿都跟着变得沉重了起来。

“乍试夹衫金缕缝，山枕斜欹，枕损钗头凤。”冬去春来，万物复苏，春暖天晴，用金缕缝制的春衣已经制好，诗人本应穿着新衣四处去观赏春日的美景，但她因为心情烦闷并不愿意出门。“女为悦己者容”，那个人不在她便连装扮的心情都没有了，只是慵懒地靠在檀枕上，将她最喜爱的精致的凤头钗压坏了也不为所动。

因为诗人害怕看到往日熟悉的景致触景伤情，也因为心底烦闷，所以整个人都怏怏的，郁闷、慵懒。

“独抱浓愁无好梦，夜阑犹剪灯花弄。”现实如此令人烦闷，诗人很想入梦去，至少在梦中尚可与那个人相聚。但因为心情烦恼迟迟难以入睡，只能无趣地坐在夜阑下，剪弄灯花，打发漫漫长夜。

“剪弄灯火”，古时候的女子常用此法来占卜夫君归来的日期。

“独抱浓愁无好梦，夜阑犹剪灯花弄。”清词论家贺裳在《皱水轩词筌》中曾称赞这两句为“入神之句”。

此词大致写于婚后不久，赵明诚重返仕途之时，夫妻小别，李清照独居之时。

“门前冷落鞍马稀，老大嫁作商人妇。商人重利轻别离，前月浮梁买茶去。去来江口守空船，绕船月明江水寒。夜深忽梦少年事，梦啼妆泪红阑干。”自古女子总是痴情，错把一颗痴心托付于一人。男子虽有情意，但他们胸怀天下，尤其是一颗年轻骚动的心，更多的是对功名利禄的向往。

因此，等初婚的甜蜜、喜悦尽数散去，别离就变成了一种无可避免的常态。

他在最好的年华里绽放光华，而她则在孤寂的深闺中慢慢憔悴、枯萎，与许许多多寻常女子那般，满腹幽怨地写下一首又一首哀伤的情歌。

从不喜去追问结局，路途漫漫，荆棘丛生，有谁知那漫长的时光里会孕育出怎样的不同，又有谁肯拿着一支画笔，枯燥地沿着人生的轨迹，一笔画到老。

如此，守着此时的喜悦就好，我们可以相拥，可以击节高歌，也可以静默无言，听池塘里的蛙鸣，看天上的弯月，然后不知不觉就过了一生。

梦想中有一方绚丽的舞台，生末净旦丑，而你永远都是那儒雅的书生，白衣青发，唇齿生香，轻轻一笑就能挥散所有的落寞。

举手投足间尽显高贵与端庄，轻抬着下颚，如王者一般俯视凡俗的芸芸众生，轻轻挥手就能扫去人间所有的愁怨。

这时，梵音四起，而我必定守着青灯古佛，敲着古老的木鱼，在佛前恳求了一世又一世。

伸出手，我便把江南紧紧拥在怀里，左手是青山绿水，右手是柔情似水，而心里装着的永远都是你。

没有古老的巷口，没有青葱的女子，也没有如画的油纸伞，有的只是一尾琴音，一壶清茶，和一首尚未唱出口就已夭折的情歌，在岁月的长河中沉沦、沉沦。

你我依然守着秦淮河的阑珊灯火眺望，一艘艘画舫载着梦想，在下一个渡口停靠。我们各自放飞紧握在手中的青春，看着它们张扬的笑脸，我们笑得坦然，然后席地而坐，委婉得似江南的一方山水。

第三节　无人到，何逊在扬州

小阁藏春，闲窗锁昼，画堂无限深幽。篆香烧尽，日影下帘钩。手种江梅渐好，又何必、临水登楼。无人到，寂寥浑似，何逊在扬州。

从来，知韵胜，难堪雨藉，不耐风揉。更谁家横笛，吹动浓愁。莫恨香消雪减，须信道、扫迹难留。难言处，良宵淡月，疏影尚风流。

——《满庭芳·小阁藏春》

其实早该明白，不管多么寒冷的冬天，只要坚持，就一定会迎来温暖的春天，然后沐浴在阳光下，遥望陌上的姹紫嫣红，等待那场迟来的繁花似锦。

而她可以重温那年的故事，故事里曾有个温润如玉的少年，总是微笑着站在身后，不言也不语，给了她无尽的希望和期待。

“胭脂鲜艳何相类，花之颜色人之泪。若将人泪比桃花，泪自长流花自媚。泪眼观花泪易干，泪干春尽花憔悴。”在曹雪芹的众多诗词里，我最喜欢的就是这首，常常寻来细细品读，最后整个人都痴了。

眼前仿佛又出现了大观园里的胜景，在那喧闹的繁华中，总有那么一个瘦弱的背影，倚在桃树下暗自垂泪，痴吟着一句“若将人泪比桃花，泪自长流花自媚”，便愁入心间，断了愁肠。

女人如花，花似梦，只是花期太短，不管曾经多么美丽，到如今也是花自飘零水自流。

是谁说“离人心上秋”，眼见得百花凋残，繁华落尽，偏偏又忆起良人的百般好处，如今形单影只，孤苦无依，这暮春时节依然感觉凄凉得不能自禁，也只能叹一句“物是人非事事休，欲语泪先流”。

心似已灰之木，身如不系之舟，种种思念涌上心头，低吟一句“故乡何处是，忘了除非醉”。时光竟悠悠过了千年。

宋宣和元年（1119），赵明诚打算离开青州外出做官，把李清照一人留在了青州，至此，李清照与赵明诚已经断断续续离别了两三年。

这两三年聚少离多，孑然一身，守着偌大的寂寞空闺，让李清照觉得，每日里就连呼吸都是痛的。

虽说“耐得住寂寞，才能守得住繁华”，但经历过繁华之人又该如何独自面对寂寞的苦楚？

得到过那人极致的宠爱之后，面对空闺，陡然的落差又岂是一个女子可以承受得住的？

更何况此时的李清照也不过二十出头，正是花样的年华。本该是夫妻举案齐眉，如胶似漆的时候，却孤零零地只剩下她一人，所以她在诗中这样写道：

小阁藏春，闲窗锁昼，画堂无限深幽。
篆香烧尽，日影下帘钩。
手种江梅渐好，又何必、临水登楼。
无人到，寂寥浑似，何逊在扬州。
从来，知韵胜，难堪雨藉，不耐风揉。
更谁家横笛，吹动浓愁。
莫恨香消雪减，须信道、扫迹难留。
难言处，良宵淡月，疏影尚风流。

阳春三月，柳亸莺娇，红瘦绿肥，就连空气中都充满新春的气息。

诗人整日把自己关在房中，企图留住种种过往。但就算门扉紧闭，也无法隔绝窗外的阵阵花香。尤其是那北归的春燕，围着屋子亲热地上下翻飞，引得诗人不觉抬起头来，那枝头料峭的春意顿时与她撞了个满怀。

原来又是一年春天了，时间过得真快，只是这一年的春季，又是她一个人！

她原本将自己关在阁楼中，紧闭门扉。把那些与风月有关的字眼，都留了在他们初相识的那一刻，或变成了胸口的一粒朱砂，又或者只是一粒白米饭，在岁月中枯萎、变质。

只是这些又有什么关系呢？在从未触及心底最柔软的部分，那里深埋着一个名字，如一颗正在孕育的种子，总有一日会破土而出，并且茁壮成长。

她只需轻唤这个名字，就能轻易拥有一个春天。

或许正因为如此，阁楼里仿若一直都是春天。门窗仿佛把阳光锁在了阁楼里，映衬着画堂显得更加幽深。

篆香已经燃成了灰烬，夕阳西下，日头移上了帘箔，诗人这才发现，已是日暮时分了，这一坐竟又是一整日！

院中诗人亲手栽种的江梅已经含苞待放，想要观赏春景，在自家院中就可以，何必再去临水登楼，就算故地重游又怎样？还不是形单影只，昨日那人早已离去，面对此情此景不过是徒增伤感罢了。

因为无人到访，抑或根本无心与旁人交谈，一个人坐在偌大的屋子中，空守着满室的春景。这让诗人想起了南朝诗人何逊迷恋梅花的事情。

梅花不畏严寒，凌霜傲雪，嫣然开放，就算有如此高贵的品格，可惜却极少有真心珍爱它的人。这像极了人世间许多悲欢离合的故事。

梅花暗香疏影，傲雪欺霜，它虽然不像其他花儿那般惧怕风霜雨雪，但也是身娇体弱，怕是难以独自承受凄风冷雨的摧残。就像诗人这般，虽然性子冷傲，又坚强乐观，可她毕竟也是女子啊！也希望有人能陪伴左右，能替她遮风挡雨。

窗外不知是谁吹起横笛，一曲凄婉、哀怨的《梅花落》更增添了诗人心头的愁绪。

不要害怕和怨恨梅花的香消雪减，要相信，虽然梅花凋零，但它的芳香和情意会一直留在心底。多少心事积压在心底，难以与人诉说。这是一个多么美好的夜晚啊，淡淡的月光下，暗香疏影，雪胎梅骨，冷韵幽香，梅花的疏影尚且能显示出它原有的风流俊俏。

“无人到，寂寥浑似，何逊在扬州。”诗人在此词的上阕结尾处，由观赏梅花联想到南朝诗人何逊如何迷恋梅花的事情，借此处典故逐渐突出诗人想要表达的主旨意思。

何逊曾作诗《咏早梅》：“兔园标物序，惊时最是梅。衔霜当路发，映雪拟寒开。枝横却月观，花绕凌风台。朝洒长门泣，夕驻临邛杯。应知早飘落，故逐上春来。”

杜甫在《和裴迪登蜀州东亭送客逢早梅相忆见寄》中这样写道：“东阁官梅动诗兴，还如何逊在扬州。”

清人江昉刻本《何水部集》在这首诗下面批注道："逊为建安王水曹，王刺扬州，逊廨舍有梅花一株，日吟咏其下，赋诗云云。后居洛思之，再请其任，抵扬州，花方盛开，逊对花彷徨，终日不能去。"

何逊对梅花的痴情，是因为自身的寂寞与苦闷所致，因此才把情思寄托在梅花之上。李清照在词中引用何逊的典故，则是因为何逊在扬州是寂寞苦闷的，与自己此时的心境相近，因此在某些方面竟然与何逊有了些许共鸣之意。

另外，何逊在《咏早梅》中末尾两句写道："朝洒长门泣，夕驻临邛杯。应知早飘落，故逐上春来。"词句中写出了两位历史上有名的女子：阿娇和卓文君。

这两位一个因为不再受宠，被汉武帝贬入长门之中。另外一个虽然表面上与丈夫恩爱如初，但司马相如远在长安，过着花天酒地的舒服日子，不仅如此还打算纳茂陵女子为妾。

卓文君听说此事后，写下了千古名句《白头吟》：

皑如山上雪，皎若云间月。
闻君有两意，故来相决绝。
今日斗酒会，明旦沟水头。
躞蹀御沟上，沟水东西流。
凄凄复凄凄，嫁娶不须啼。
愿得一心人，白头不相离。
竹竿何袅袅，鱼尾何簁簁！

男儿重意气，何用钱刀为！

正是这首诗感动了司马相如，让他放弃了休妻纳妾的想法，最后与卓文君相守到老。

李清照在多首诗词中均提到了“长门”的典故，以此来隐喻自己苦闷的心情，在这里又提到司马相如纳妾之事，让人忍不住浮想联翩。

在宋仁宗年间，家妓、官妓等成为文人墨客、达官贵人生活中不可或缺的一部分，而且还成了当时比较时尚的相互赠送的一种表达方式。

风气如此，赵明诚风流倜傥，仪表堂堂，又满腹经纶，精通金石之术，家世显赫，前途无量，这样的人难道会甘于一生只爱一个人，不受这些习气影响吗？

想来答案是否定的！

李清照与赵明诚成婚以来，恩爱异常，伉俪情深，一同在汴京生活。后来从宋徽宗宣和元年开始，赵明诚重返仕途，离开青州外出做官，把李清照独自留在青州，这期间他们断断续续分开了两三年，在这两三年间两个人之间发生了什么事，才会让诗人写出如此多的闺怨诗，想来也就不言而喻了。

再者，李清照与赵明诚成婚二十余年未有生育，在那个“不孝有三，无后为大”的年代，为了繁衍后代而纳妾的行为，自然也就合情合理了。

林林总总综合起来，这些自然就变成了李清照整日苦闷的主要原因。就算才情如李清照，亦无法逃开为“情”所困的境地。

所以在这样的背景之下，再读这首诗，又怎不让人唏嘘不已？

你曾经许下的诺言，委婉得像一首歌，韵律悠长，情意浓郁，我可以和你坐在月下，相映成趣，击节高歌，你奏一首《广陵散》慷慨镇定，激扬而奏，琴声震彻寰宇，而我只低声吟唱：“既见君子，云胡不喜。”任风吹乱我乌黑的发丝，轻轻靠在你的后背，倾听你舒缓的心跳声，我贪恋一张摇椅的温暖，当我迟迟老去，还可以像年少时那般坐在摇椅上，轻轻地摇啊摇啊摇。

而你，还如少年时那般，着一袭白衣，手捧一本诗集，朗朗念着：“执子之手，与子偕老。”

我允许你缓慢行走，改变离去时的路线，去领略秀美的山川，去体验动人心魄的爱情，去尝试尔虞我诈的生活，直到你感到疲倦时，归来即可。

第四节　凤凰台上凤凰游

香冷金猊，被翻红浪，起来慵自梳头。任宝奁尘满，日上帘钩。生怕离怀别苦，多少事、欲说还休。新来瘦，非干病酒，不是悲秋。

休休，这回去也，千万遍《阳关》，也则难留。念武陵人远，烟锁秦楼。惟有楼前流水，应念我、终日凝眸。凝眸处，从今又添，一段新愁。

——《凤凰台上忆吹箫·香冷金猊》

江南已有秋的气息，一场秋雨缠绵不停，与秋叶在泥泞的地面纠缠，鸟儿已开始准备一场远行，一颗心却在初秋的某一天忽然沉寂了下来。

不再终日惶惶不安，亦不去揣测此时你在何方。

当秋风吹起衣袂，撩起发丝的时候，哼唱一首老情歌，熟悉的旋律，唯美的画面，以及绽放在你唇角的笑容，如锦瑟般点缀了我的人生。

选在初秋的深夜，为你写下一首动听的歌谣，宛如天籁，无须吟唱便能驱散所有的阴霾与愁绪，仿如婀娜的女子，于每个深夜伴你左右，为你红袖添香。

至此，驱赶孤独与疲惫，点亮你孤独的眼眸，与你举案齐眉。

开始试着喜欢一段光阴，有八月的锦瑟，有九月的芬芳，还有十月的硕果累累。

亦开始想念一个温暖的笑容，在黎明来临之前，照亮黑夜，让我有勇气在月光下起舞，在寒露中歌唱。

开始蓄谋一场相遇，在江南小镇，在青石板的深处，在桂花飘香的巷口，在梅雨孕育的黎明。

想来“蓄谋一场相遇”，是多少离人心中所盼望之事。不远千里来到他所在之地，藏在他每日必经之地，突然出现在他面前，瞧着他眸子中的惊诧与欢喜，感觉人生是如此幸运。

能不早不晚与你相逢，又能志趣相投，每日里有说不完的情话，所谓幸福也不过如此吧！

就如李清照与赵明诚这般，在人生最好的年华里相遇、相知、相守。欢愉是这段时期生活的固有特色，她也不再醉心于写诗创作，而是同赵明诚一起，研习金石之术，并很快从中找到了乐趣，自此一发不可收拾。

赵挺之父子因为被蔡京等人构陷，被夺去了官职，家属也遭到了牵连。仅仅一年时间，赵家便从一人之下万人之上的宰相之家，变成了寻常的百姓之家。

李清照被迫与赵明诚一起搬到青州居住，这一住就是十年。其间虽然生活艰苦，但远离权贵和纷争，是他们二人一生中非常难得的舒适时光。

在这期间，他们彻底放弃了功名利禄，安心去做自己喜欢的事情。李清照协助赵明诚完成了《金石录》的撰写工作，这本《金石录》不仅见证了他们夫妻之间情比金坚的爱情，也是赵明诚作为一个男人一生中最大的成就。

这或许就是爱屋及乌所致吧！喜欢你，便喜欢你喜欢的一切，便会变成你喜欢的样子，这世间女子多半如此吧！

夫妻二人闲来无事的时候便窝在归来堂中烹茶、饮茶，指着家中的藏书与金石相互考问，并以此为乐。

如此如胶似漆的生活，虽然清苦一些，但若一直这么过下去，想来李清照也是愿意的。能与心爱之人朝夕相处，是这世间多少女子求之不得的。

但命运让这种美好的生活在1119年的时候戛然而止，赵明诚重新受到重用，外出做官。唯留李清照一人在青州居住，因此又开始了聚少离多的两地分居的日子。

在这一段时期，李清照的作品又开始多了起来，并且多是闺怨体，就像这篇《凤凰台上忆吹箫·香冷金猊》。

狮形的铜炉里，熏香早已燃尽，红色的锦被像红浪一般堆在床上，也不想去收拾，早晨起来，浑身懒洋洋的连头发都懒得打理。任凭华贵的宝奁上落满了灰尘，任凭朝阳落在精美的帘钩上。

生怕又想起那些离别之苦，心中有多少相思和苦楚想要对他诉说，可话到嘴边，又咽了回去。他在外为仕途奔走，作为妻子来说应该给予他足够的支持，解除他的后顾之忧啊！

最近身体日渐消瘦，整个人都怏怏的，做什么事情都提不起兴趣。这并非因为喝多酒伤了身体，也并非因为秋天来了伤春悲秋。实则是因为你要走啊！因此才会夜不能寐，茶不思饭不想，逐渐消瘦了身形。

罢了罢了，这次他去外地做官，是必须走的，即便是阻拦也无用。即便是把《阳关》这首离别曲唱上一万遍，也无法留住他即将远去的脚步。

想到丈夫就要出门远行，又剩下自己独守空阁，整个人心情都跟着不好了。只有楼前的流水顾念着我，整日坐在空阁凝眸发呆，就在凝眸发呆的时候，孤寂的心里，又新添了一份日日盼君归来的离愁别绪。

“香冷金猊，被翻红浪，起来慵自梳头。”香炉已冷，红色的锦被中尚有余温，“被翻红浪”，出自柳永《凤栖梧》：“鸳鸯绣被翻红浪。”意思是红色的锦被胡乱地堆放在床上，远远望去就像是红色的波浪一般。暗示昨夜夫妻二人缠绵悱恻，难舍难分。因为你要走，我不但连叠被的心思都没有了，就连头发都懒得梳理了。

“任宝奁尘满，日上帘钩。”因为赵明诚要走，诗人连梳妆打扮的心情都没有了，日头都照在帘钩上了，还不愿意梳洗。

一想到梳洗完毕就要送他走了，便什么心情都没有了。

词句通过“香冷”“任宝奁尘满”“慵自梳头”等句，反映诗人因为赵明诚要独自远行，心中惘然若失、心灰意冷的感受。

“生怕离怀别苦，多少事、欲说还休。新来瘦，非干病酒，不是悲秋。”丈夫去奔仕途，作为妻子就要全力支持。虽然非常害怕别离之苦，心中有许多忧伤的话想对他说，但一想到这些事会影响他远行的心情，牵绊他离去的脚步，就再也说不出口。

只能把满腹的心酸委屈紧压在心底，因为心中装满了这些心事，所以茶不思饭不想，眼见着日渐消瘦了。

“休休，这回去也，千万遍《阳关》，也则难留。念武陵人远，烟锁秦楼。惟有楼前流水，应念我、终日凝眸。凝眸处，从今又添，一段新愁。”这里的《阳关》即《阳关曲》，一首离歌唱了千万遍，也无法阻止你离去的脚步。

这里的“武陵人”用刘晨、阮肇入天台山遇仙不归的故事作为典故，借指男女情爱。

“秦楼”，即凤台，是秦穆公女儿弄玉居住过的地方。春秋时，秦穆公喜得爱女。女儿出生那天，有人为秦穆公敬献璞玉，后来经过工匠雕琢，得到碧色美玉一块，该玉晶莹温润，深受秦穆公的喜爱。

后来女儿在抓周的时候，对其他物件都视而不见，唯独紧抓着这块美玉不放。因此秦穆公为其取名“弄玉”。

弄玉长大后，芳容绝世，明艳无双，精通音律，喜欢吹笙，没有经过乐师的指点，就能自己吹出曲调。秦穆公见弄玉如此聪慧，便命工匠把那块碧色美玉雕琢成笙赐给了弄玉。并且在宫中建造凤楼，供弄玉居住，凤楼前还筑有高台，名曰凤台。弄玉就时常在月下坐在凤台上吹笙，恍然中听闻一阵若隐若现、若远若近的啸声与之和鸣。

弄玉入梦之时便见一位羽冠鹤衣的俊美男子，骑着彩凤，落在凤台之上，那男子从腰间解下一支红色的玉箫，倚在栏杆上吹奏，那只彩凤就在一旁伴舞，时不时引颈长鸣。凤鸣声与箫声合为一体，美妙的乐曲使弄玉如痴如醉。

天亮后弄玉便把梦中的情景告诉了秦穆公，秦穆公随即派百里孟明前往花山寻找，后把精通音律的萧史带回，与弄玉结为夫妻。二人夫唱妇随，箫笙和鸣恩爱异常。后来，弄玉随萧史骑着龙凤去了华山，留下了一段佳话。

李清照在这里接连引用了两个典故，暗喻自己对丈夫的思念，也写出了心中的向往，如若与赵明诚也能成为这样永不分离的神仙眷侣那该有多好啊！

似乎只有门前的流水知晓她的心事，旁人都不明白，往日离别的愁绪还未散去，今日里又添了新愁。

窗外轰隆隆的雷雨声敲碎了夜的宁静，一道道闪电划过夜空，照着她苍白的面容，心仿佛被生生撕裂，记忆忽地就涌了出来，心莫名地疼痛。

每每这时，她都会揣想，有多少人会在这样的一个夜晚，会为了一个人，忽然就失声痛哭？

第五节　泪湿罗衣脂粉满

泪湿罗衣脂粉满，四叠阳关，唱到千千遍。人道山长山又断，萧萧微雨闻孤馆。

惜别伤离方寸乱，忘了临行，酒盏深和浅。好把音书凭过雁，东莱不似蓬莱远。

——《蝶恋花·泪湿罗衣脂粉满》

喜欢干净的色彩，如绿荷，如白莲，也如你干净的面容和唇角满满的笑意。

回忆会被拉得很长，曾以为无法忘怀的，在时光的沉淀中竟慢慢淡了去，虽偶有提及，却无关于想念，只是为了确信你的好。

时光洁净得如一泓清泉，沉淀了私心与贪念，剩余的是感恩与平静。

分开有多久？她仿佛都记不清了。当突然间收到他的信息，让她前往莱州团聚的时候，她仿佛还在梦中，生怕醒来，这一切又是一场空。

自打赵明诚走后，李清照日夜盼望，终于盼来了他的消息，当时心中感慨万千，一时竟不知道该说什么好了。

在青州的日子越发拘谨，她和赵明诚节衣缩食，把省下来的银钱都用来收藏古文经传与竹简文学等金石方面的物件。

光用来存储这些古物就是很大的一笔开销，甚至为了保存这些古物，她不吃第二道有荤腥的食物，不穿第二件华丽的服饰，头上没有奢侈的钗环，家中没有描金的器具。

日子过得节俭，赵明诚又不在身旁，李清照苦苦支撑着这个家，心底的凄苦堆积，又无处诉说，想来甚是不易。

终于等到赵明诚的信息，心头定然感慨万千。虽不知前路如何，但十年不变的生活，总算有了些许的改变。

宋徽宗宣和三年（1121）八月间，李清照在赵明诚离去一年之后，毅然决然地奔赴莱州去见他。

与赵明诚分开的时日，她终日夜不能寐，食不知味，日渐消瘦。心底的思念像一张巨大的网，将她困在网中央。

与家中亲人告别之后，她踏上了前往莱州的漫漫旅途。一个人行走的时候，她也会揣想，这样的决定究竟是对还是错？

只身前往那样一片陌生的土地，迎接她的又会是什么呢？

一个人的时候，熟悉的小姐妹都不在她身边，更是连一个可商量的人都没有，因此她写下了开篇这首《蝶恋花》。

脸上的脂粉和着泪水打湿了丝绸的薄衫，家中的亲人在送别之时将这首《阳关》唱了一遍又一遍，还舍不得让她走。如今身在异乡，尚且不知莱州究竟还有多远，孤单地寄宿在馆所之中，听着窗外秋雨萧萧，心中感到无比凄凉。

被离别时的忧伤扰得方寸尽乱，忘了临别饯行时酒盏中所斟的是多还是少。如今与亲人分隔两处，只能托鸿雁把书信带回家乡。好在莱州不像蓬莱那么遥远，我们还能互通书信，稍稍慰藉了孤寂的内心。

阳关，这里指王维的《渭城曲》：“渭城朝雨浥轻尘，客舍青青柳色新。劝君更尽一杯酒，西出阳关无故人。”

初识王维这首诗，是因为《经典咏流传》里曹轩宾先生所唱的那首《别君叹》。曹轩宾先生用古典秦腔曲牌的特点，结合流行音乐去创作。编曲又选择与古琴相结合，将“劝君更尽一杯酒，西出阳关无故人”的忧伤情怀演绎到了极致，让听者闻之落泪。

因而这首诗也深深印在了脑海之中。读到李清照这首词的时候，耳畔不禁又响起了这熟悉的旋律。

眼前画面陡然一转，仿佛来到了数百年前的那个夜晚。李清照孤身一人前往陌生的莱州寻亲，栖身在一处偏僻的驿馆之中，旅途的劳累与心底的戚然相融合，再加上窗外淅淅沥沥的秋雨，更增添了心中的几分愁绪，想起远在家乡的小姐妹，忍不住伏在案头，挥笔写下了这首《蝶恋花》。

异乡、凄风苦雨、孤身在不知名的驿馆等元素组合在一起，便成了一首千古绝唱般的词句。

这首词是写给远在青州的小姐妹的，此词写的是李清照前往莱州途中的感受，表达她虽然人不在青州，却希望通过书信往来，增加她与小姐妹们之间深厚的情谊。

独在异乡，许是心中都是惶恐，面对未知的一切，她的心底终究是少了那样一份自信。

她与赵明诚之间虽然恩爱，但年岁渐长，她再也不是当初那个明眸皓齿的小女孩。再也不能在见到他时“和羞走，倚门回首，却把青梅嗅”。

再也不能在见到他时，肆无忌惮地依偎在他怀中，倾诉满腔的相思之情。望着他身边娇嫩的侍妾，她清冷的心中仿佛被人活生生地划出一道裂痕，让她一颗相思之心早已千疮百孔。

谁的婚姻不是委屈撑起的？但骄傲如她，只能把满腹的酸楚吞进腹中，然后和着血泪从容地面带微笑。

一篇文章写到此处，心底竟然生出了许多疼痛，实在不忍着笔去写这些看似深情厚谊背后的故事。

宁愿瞎了眼、盲了心，只相信那日前来府中信誓旦旦求亲的男子，还像往昔那般深爱着李清照。

虽然他屡次把李清照独自留在家中，仅带着侍妾前往，但心中仍执拗地认为，他与李清照琴瑟和鸣，那般和谐，李清照又伴随他走过了人生中的低谷，面对如此才貌双绝的妻子，他的心中定然会深爱着她吧！

想来这只是身为女子的一厢情愿，李清照心中或许也会有此等想法。但越靠近莱州，她的心事就越发混乱，她想从这纷乱的心事之中找到一条足以说服她安定的理由，所以她写了一首又一首的诗词来抒发心底的忧虑。

“泪湿罗衣脂粉满，四叠阳关，唱到千千遍。”泪水又在不知不觉中湿了脸颊，泪水和着脸上的胭脂水粉滴落在单薄的罗衣上，小姐妹们一遍遍唱着《阳关》，一想到即将分别，忍不住泪流满面。

道一句“珍重”何其之难，在青州的这段日子里，若没有这些小姐妹相伴，她的人生该是多么的孤苦无依。正是因为有了她们的陪伴，才让这漫长的时光有了另一层的意义。

虽然那人不在，她形单影只。但有了她们的陪伴，她单调的生活中仿佛亮起了一盏灯光，足以为她照亮一个个漫长的黑夜。

如今，就要别离，再见亦是奢侈。彼此相伴了这么久，陡然别离，自然都是满心的酸楚。

当然，这番别离于李清照来说却是喜忧参半的。喜的是，她终于要与赵明诚团聚了。忧的是，以后在莱州，再也无人能听她诉说心底的苦楚了。

因为这份心事，她便抑制不住地想要把沿途发生的一切，事无巨细地都写信告诉这些小姐妹。

骄傲如李清照自然是不屑于像祥林嫂般逢人便诉说自己的悲苦的。但等她真正离开了故乡，到了异地，她才知晓，那份惶恐、凄楚与茫然远远超出了她的承受力。

但这份心事自然无法向其他人诉说，只能通过书信向小姐妹们倾诉，希望能得到一些理解与支持。

“人道山长山又断。萧萧微雨闻孤馆。”如今这长长的山路已经将她与亲人们阻隔在两地了，只余她孤身一人孤独地宿在异乡的驿馆里面，听着窗外的萧萧秋雨声。

“惜别伤离方寸乱。忘了临行，酒盏深和浅。好把音书凭过雁，东莱不似蓬莱远。”如今身在异地，听着窗外的雨声，李清照感觉整颗心都乱作了一团，她甚至都忘记了小姐妹们给她饯行的时候酒盏中的酒是否已斟满。如今与亲人分隔两地，只能靠书信往来诉说了，好在莱州的距离不似蓬莱那么远，这样就终有相见的那一日吧？

李清照在心中这样安慰自己，但她又何尝不明白有时候咫尺便已天涯！

千里之外，孤灯清影，念及的也不过是曾经的那些好，像一坛老酒，随着时间的流逝越发浓郁。

捧一盏橘灯，点燃希望，随波逐流而去，不去揣测下一个路口会遇见谁，亦不去担忧，永远究竟有多远。

只需记住你的好，不管在一起，还是静默地离去。

留一片空白，于日后忆起，再一笔一画填写。

那时，必定写满美丽，无关于风月。

第六节　犹恐相逢是梦中

寒窗败几无书史，公路可怜合至此。青州从事孔方兄，终日纷纷喜生事。

作诗谢绝聊闭门，燕寝凝香有佳思。静中吾乃得至交，乌有先生子虚子。

——《感怀》

一个女子把人生中最美好的年华托付给了等待，等待自己命中注定的那个人出现，等他带来朝夕、雨露，滋润干涸的心田，从而在守望中绽放出娇艳的花朵，虽已无少女般的娇羞容颜，却有时间沉淀下的恬静。

微微一笑，道一句："原来你也在这里。"便足以知晓彼此的心迹。

读来很美，却感觉有些许心酸，要有多强大的内心，才能在漫长的等待中，守望着那个迟迟未能赴约的人。

是前世就已经说好的约定吗？所以你不来，我不敢老去，茫茫人海，红尘三千丈，我便着一袭素衣，在俗世中沉浮，只为等待那迟来的爱情。

这样一份酝酿了许久的情愫，早已在心底生根发芽，只等那人来浇灌，便会茁壮地长成一棵参天大树，淹没周围的一切，眼前只剩下一个人的身影罢了。

许是我们经历了五百年的轮回，就为了眼前这一次相逢，不早不晚，我看到你的时候你也看到了我，轻轻一笑，早已知晓了彼此的心事，就如相识多年的老朋友一般，熟悉、温馨。

李清照与赵明诚的相见也大抵如此吧！只一眼，就芳心暗许，认定了眼前这个人就是自己要等的那个人。

经过漫长的旅途，这一日，李清照终于到达了莱州。仿佛为了欢迎她的到来一般，这一天风和日丽，天气晴好，微风抚慰了她旅途的疲惫，她压下心头的雀跃，像个小女孩一般羞红了脸。

轻理云鬟，淡梳妆，身着罗衫，淡扫蛾眉，为了这一天的相遇，她在心中整整期盼了三百多个日日夜夜。

在这一年的光阴里，她把“赵明诚”这个名字在心底默念了千千遍，只为了这一日能与他久别重逢。

赵明诚见到她心里大抵也是喜悦的吧！毕竟他与她之间有过那么多欢愉的时光。只是时过境迁，她与他都已不再是当年的青葱少年了。

李清照在莱州见到了赵明诚，亦见到了他豢养的歌姬与侍妾，瞧着她们流光溢彩的娇嫩面容，低头瞧见自己满身的风尘，李清照听见自己坚强的内心，悄然裂成了两半。

原来她渴望的忠贞，与一生一世一双人，在如今看来就像是一个笑话。

自己在青州所受的苦楚，竟然是那般的不值得。只是身为人妻，她能如何呢？只能勉强吞下这枚苦果，安静地抿唇轻笑，仿佛一切都不重要，只要她能守在他的身边。

唯独夜深人静之际，才任凭泪水肆意地宣泄，毫无保留。

就算来到了莱州又如何呢？依然瞧不见那人的身影，依然是孤独地守着漫漫长夜。

耳边充斥着莺歌笑语，眼前晃动着一具具朝气蓬勃的美艳躯体，越发衬托得她像个迟暮的老朽，可她才30多岁啊！

她挥笔写下这样一首小诗，即开篇的《感怀》。

这首小诗另有小序言："宣和辛丑八月十日到莱，独坐一室，平生所见，皆不在目前。几上有《礼韵》，因信手开之，约以所开为韵作诗。偶得'子'字，因以为韵，作感怀诗。"还没有开始起篇，单从序言上看格调就已经开始孤单了。

宋徽宗宣和三年（1121），此时的赵明诚已经41岁了，他们成婚几十年，虽然夫妻恩爱，膝下却一直没有子嗣。虽然赵明诚对李清照的爱并未减少，可这一点成了横在李清照心中的一根刺。

自打赵明诚离开青州以后，他们夫妻二人之间的相聚一直是断断续续的，现在好不容易团聚在一起，李清照应该高兴才是。通过这首小诗表达出来的意思，却并非如此。

风尘仆仆来到莱州，并没有李清照预期的那样喜悦，反而让她心中的压迫感越发强烈，难以释怀。

于是她挥笔这样写道：

当我满怀喜悦来到莱州我所居住的房间的时候，发现这个房间门窗破败，摆设陈旧，房屋年久失修。

房间里面既没有字画，也没有书籍，完全没有一点我喜欢的模样。

这里的一切都是那么的陌生，我在青州熟悉的一切，在这里都找不到踪迹。难道我已经落到还不如三国时期袁术兵败如山倒时的那种悲惨境地了吗？

三国时期袁术兵败逃亡的时候，他跟手底下的人说：“我想喝一点蜜糖水。”他手下的人答道：“现在只有血水，哪里还有蜜糖水啊？”

袁术听完手下人的答话之后，气得大喊了一声，口吐鲜血而亡。

李清照在诗中写道：到了莱州以后，发现自己比兵败逃亡的袁术还要凄惨一些。这些都是因为美酒和荣华富贵惹下的祸端啊！

天下之人都贪图享乐，因此才会追求美酒的芬芳和荣华富贵的诱惑。所以才会抛弃安逸、舒适的生活，外出去追求荣华富贵。赵明诚每天奔波在各色的酒宴之中，一天到晚都是这些无聊的事情，根本抽不出时间来陪我。

在这人生地不熟的地方，我能怎么办呢？百无聊赖之中，只能写几首小诗，抒发心中的抑郁。

既然要写诗自然就要闭门谢客，在自己的住处焚香静思才能静下心来，静下心来才会有灵感。谁说我寂寞呢？我分明有两个好朋友，一个是子虚，一个是乌有。

李清照满怀期待地来到莱州，却发现她心中最担心害怕之事还是发生了。赵明诚一天到晚忙于应酬，在他们居住的地方，他们夫妻共同热爱的金石之物一样都没有看到。

整个府邸不仅房屋破败，年久失修，就连那个人也因为忙着追求名利，而显得内心空虚、浮躁，再也不是当初那个醉心于金石之术的良人了。

这首诗最后两句写得特别有意思，你以为我来到莱州以后就空虚寂寞，无人陪伴吗？其实并不是，我有两个好朋友呢，一个是子虚，一个是乌有。合在一起就是子虚乌有，它们两个就是我最好的朋友。

这首小诗既不是写相思，也不是写闺怨，反而流露出被极度冷落之后浓浓的抱怨之感。这对于久别重逢的一对夫妻来说，写下这样的诗句着实让人感到奇怪。

当初李清照在青州居住的时候，生活也不宽裕，可她除了写相思之外，并未流露出抱怨的意味。李清照并非是贪图享乐之人，为何来到莱州以后反而开始抱怨起居住环境的简陋，嘲讽自己形单影只起来了呢？

曾经，他们夫妻二人的生活是那么的和谐，那么的美满幸福。在青州时，李清照不吃第二道有荤腥的食物，不穿第二件华丽的服饰，头上没有奢侈的钗环，家中没有描金的器具，并以此为乐。

所以，只要能与心爱的人相守在一起，哪怕环境再艰苦都是快乐的。再者，寻常女子瞧见丈夫所居住的环境这么简陋，心底只会生出疼惜，断然不会因为这一点就心生抱怨。

想来此时的赵明诚已与李清照心目中的良人相去甚远了，他再也不是那个如清风霁月一般的人了，他一心扑在享乐与追求名利之上，再也无心与她吟诗作对，收藏金石。

离家在外这些年，他已经被俗世的大染缸染上了一层“贪慕虚荣”的外衣，整日里流连于花丛之中，执着于对名利的追逐，眼睛里再也看不到李清照的好，心里再也装不下她的许多愁。

而此时的李清照，已经人到中年，早已褪去了昔日的娇俏与顽皮，仅剩下一颗千疮百孔、沧桑的心。

这样的她早已不适合在那人跟前撒娇、嬉戏，早已不能再问他“怕郎猜道。奴面不如花面好。云鬓斜簪。徒要教郎比并看”了。

“如果我不勇敢，谁能替我坚强。”终于明白这句话的含义时，时光已匆匆过去了数载。

那时，哭或笑都因为另外一个人，又如何会想到命运的轨道有一天会相交，然后背道而驰。

剩下的不过是悠长的目光，依然追逐着彼此远去的背影，想道一句珍重，却也只是张张嘴，未曾吐露只言片语。我们都以为自己很坚强，却忽略了在转身的瞬间滑落的眼泪。

多么像两颗流星，划破天际，燃烧生命，也只为了那一刻的回眸。

第四卷　花开为谁谢，花谢为谁悲

谁错拿流年，乱了我的浮生？繁华落尽，逝水过后，人间终是继续的离愁别恨。不知是谁错过昨夜的那场烟火，有你的彼岸，才是繁华的终点。

第一节　庭院深深深几许

庭院深深深几许？云窗雾阁常扃。柳梢梅萼渐分明。春归秣陵树，人老建康城。

感月吟风多少事，如今老去无成。谁怜憔悴更凋零。试灯无意思，踏雪没心情。

——《临江仙·庭院深深深几许》

三月的天气依然带着冷清，白天烟雨蒙蒙，能见度不足五米，到了夜晚，却又晴了起来。

薄薄的雾气如轻纱一般笼罩着尚未凋谢的丁香花，带着一种朦胧又近乎残忍的美丽。

想来就如人生，分明如此接近幸福，可伸出手触摸到的都是迷茫，如镜中花水中月，那些美丽的抑或幸福的都在别人的风景里。

而我曾经追求的幸福，终于在屡次蹩脚的演出中，丧失了最后一点执着，木然地送它离开，然后转身，各走天涯。

这或许是最好的结局，天涯咫尺，总好过每日在柴米油盐里争吵不休。

只是彼此的诺言尚有余温，在每一个清冷的夜晚翻阅，温暖那颗逐渐孤寂的心灵。

李清照与赵明诚的爱情是建立在双方共同的趣味、爱好和信任的基础上的。虽然因为分隔的时间久了，他们之间的感情出现了些许问题，但这些问题也不至于让他们之间的感情分崩离析。

举个简单的例子，赵明诚在做官的空暇时间，会把精力都用在寻找、收集金石上面。一次偶然的机会他得到了一幅唐代大诗人白居易手书的佛教经典著作《楞严经》。

这是何其珍贵啊！因此赵明诚激动地带着著作，一路打马，狂奔回家和李清照共同欣赏、品鉴。

两个人都高兴疯了，关在房间里，一边烹茶，一边鉴赏，足足聊了四个钟头，蜡烛都燃完了几根，一直到夜里一点多才恋恋不舍地睡去。

由此可见，赵明诚虽然有时会被那些年轻的姬妾所吸引，偶尔迷失方向，但最了解他的内心、与他共同分享这种高品位快乐之人的永远都是李清照。

金石之学于李清照来说，就像掌握了她与赵明诚之间的爱情密码，有了金石这把钥匙，她就可以随时打开赵明诚的心扉。

因此，夫妻二人经过一段时间的冷淡之后，感情逐渐得到了缓和，他们二人的感情裂痕随着时间慢慢修复了，又回到了在青州时的快乐时光。

只是，此时有件惊天动地的大事正在悄然临近，让尚在贪慕片刻宁静的李清照和赵明诚都始料未及。

1127年，风雨飘摇的北宋王朝迎来了灭顶之灾。当时位于宋朝北部的金国大举来犯，金人分东路军和西路军进攻北宋首都汴京。宋徽宗迫于朝廷压力而下“罪己诏”，匆忙“引咎禅位”于长子赵桓，也就是后来的宋钦宗，并立年号为“靖康”。

然而这暂时的太平也仅仅维持了八个多月。紧接着六万多金人沿着他们熟悉的进攻路线直接攻到汴京城下，并攻占了北宋都城汴京，也就是今天的河南开封。

金人不仅抢夺了都城汴京里的金银财富、美女，还将宋徽宗、宋钦宗二帝俘获，押往金国为奴。北宋彻底灭亡，史称“靖康之变”。中原大地深陷战乱，百姓苦不堪言。

同年五月，康王赵构在南京即位，成为宋高宗，从此，南宋时代开始。

虽然此时战乱还主要集中在汴京一带，但李清照和赵明诚所在的山东也明显感受到了战乱的威胁，总有一些打了败仗的散兵游勇跑到赵明诚所辖之地作乱。

作为一州之长的赵明诚带兵平息了这些祸患，为此还受到了朝廷的嘉奖，官升一级。

赵明诚因为莱州的任期已满，被调往淄博。虽然淄博离汴京较远，但他们依然能感受到战争的气息越来越近。因此，李清照在《金石录后序》中担忧地写道："闻金人犯京师，四顾茫然，盈箱溢箧，且恋恋，且怅怅，知其必不为己物矣。"

听说金人长驱直入攻破了京师，并且占领了汴京城。虽然汴京离淄博还有一定的距离，金人没有这么快到来，但放眼环顾四周，没有任何依靠，眼前茫然，心中怅然。

望着满屋子堆放的金石、字画、珍贵书籍，却不知道该怎么安放。这些东西恐怕早晚都不再是自己的了，所以她"且恋恋，且怅怅"。

而这个时候，所有不好的事情几乎都接踵而至。赵明诚的母亲郭氏在江宁（今南京）又突然离世，赵明诚必须离任赶往江宁奔丧，守丁忧。

这么多的古玩、字画应该把它们怎么安放呢？为此，李清照和赵明诚针对眼前的局势，做了一个通盘的考虑。李清照在《金石录后序》中对这整个过程有详细的记载："既长物不能尽载，乃先去书之重大印本者，又去画之多幅者，又去古器之无款识者。后又去书之监本者，画之平常者，器之重大者。"

眼看着战火早晚要烧到山东来，那样这些文物很可能就会落到金人手中。因此，李清照和赵明诚商议后决定，趁着此次奔丧，把堆放在家中的金石通过水路运到江宁安放。

但是他们收集了这么多文物，想要全部运送到江宁显然不现实，因此只能有所取舍。

那是怎么取舍的呢？先排除面积、体积过大的，不易运输的，再排除书籍中过重和过大的刻印本，把字画主题相近的也排除在外。还有一些体积过大且笨重的器皿要排除掉，再有一些就是国子监印行的书籍等比较容易得到的也排除了。

把这些不易携带的都排除完了之后，李清照发现“凡屡减去，尚载书十五车”。

就是排除了这么多文物之后，他们还剩下十五车必须带走的文物。

但是李清照这次并没有随同赵明诚携带这十五车文物一起前往江宁。究其原因，她在《金石录后序》里边写道：“青州故第，尚锁书册什物，用屋十余间，期明年春再具舟载之。”

就是在他们的青州故居，尚有十几屋子的文物需要运送。这些文物可不止十五车了。所以李清照要前往青州把这些文物料理好，顺带再处理一些家事，把这些事情都处理完以后，明年春天再坐船去江宁。

因此，他们夫妻好不容易才得以团圆，但在形势所逼之下只能被迫分离。赵明诚带着这十五车的文物前往江宁，李清照则孤身一人回青州料理那些文物。

原本李清照是打算来年春天再运送这些文物的，谁知道同年十二月青州突然发生兵变，青州的郡守被叛军所杀。

李清照在《金石录后序》中写道：“凡所谓十余屋者，已皆为煨烬矣。”这十几间屋子里收藏的珍贵文物，竟然被一把火焚烧殆尽。

李清照冒着生命危险抢救出来一些非常珍贵的字帖和文

物，其他都被烧毁了。

这本《神妙帖》是赵明诚当时花了20万买的，珍贵异常。当时李清照的处境是非常危险的，不仅遭遇了兵变，还遇到了强盗。但李清照拼了命保护这本《神妙帖》，一路颠沛流离地来到江宁，终于再次和赵明诚团聚。

此时的赵明诚已被南宋政府任命为江宁知府。当时南京处于和金人隔岸对峙的状态，再加上自古以来南京都是兵家必争之地，因此李清照获得了暂时的安稳和平静。

“郎骑竹马来，绕床弄青梅。”那该是最真挚的感情吧。就算经历了冷落，经历了战乱和逃亡，李清照对赵明诚的一颗痴心依然未改，能守在他身旁，就是她最大的幸福吧！

想来没有什么是一成不变的，就像月圆月缺，就像花开花落四季轮回，就像从对你的依恋，变成如今的淡然。

因此，她写下了《临江仙·庭院深深深几许》。

庭院很深很深，不知道里面究竟有多少层，因为云雾缭绕，所以楼阁的窗户经常关闭。极目眺望，只见柳梢逐渐转绿，梅花吐出了花蕊，春天的迹象越发明显了。在古秣陵城的四周，树木葱绿，预示着春天真的已经到了。

去年此时，我已经跟小姐妹们相邀四处踏青了，可今年因为战乱我无家可归，看来只能待在建康城了。

去年此时，我们围在一起吟风赏月，把酒言欢，那时是多么幸福啊！如今人已迟暮，国破家亡，纵有满腔的热忱，也什么事情都做不成了，又会有谁来怜悯你的憔悴与凄楚啊！

所以，元宵节赏灯也好，踏雪赏梅也罢，面对此情此景，哪里还有这份心思啊！

南宋以后，李清照的词风从清新、雅致变成了苍凉、沉郁。国破家亡，奸臣当道，李清照虽为女子，但心中亦生出强烈的爱国心来。这其中的愁苦无处诉说，只能通过一首首诗词来表达。

第二节　伤心枕上三更雨

窗前谁种芭蕉树，阴满中庭。阴满中庭。叶叶心心，舒卷有余情。

伤心枕上三更雨，点滴霖霪。点滴霖霪。愁损北人，不惯起来听。

——《添字丑奴儿·窗前谁种芭蕉树》

终于迎来了几个火红的日头，春天的脚步也不觉近了，一改往日的阴雨绵绵。

想来不管是狂风骤雨，还是迷雾缭绕，只因为习惯，便不觉得突兀。一如久远的生活习性，凑合着便过了那许多年，就算不堪忍受，也只是发发脾气，写几首哀怨的小诗。

习惯了那样的生活，习惯了那样一个人，便轻易无法割舍，哪怕已经伤痕累累，还是不知疲惫地坚持。

习惯了有那么一个人在身边抑或不敢独自面对生活，想想人海茫茫，我却孤身一人，便觉得凄惘。

如是，便不自觉地贪恋温暖，哪怕那温暖薄如蝉翼，只需一阵莫须有的风，就吹得不见了踪迹。

建炎二年（1128）的春天，李清照终于来到了江宁，这一路的艰辛自无法用言语来表述。但这些她都可以不在意，只要能与赵明诚相守在一处，受点苦痛又算得了什么。

只是，国破家亡，她又经历了如此多的磨难，就算得到了暂时的安宁，她的一颗心再也静不下来。

于是，她写下了《添字丑奴儿·窗前谁种芭蕉树》。

也不知道是谁在窗前种下了一棵芭蕉树，郁郁葱葱，已经舒展开的叶片和尚卷在一起的叶心紧密相连，浓荫遮住了整座庭院。

因为满腹愁绪，已是深夜了还无法入睡，偏偏在三更的时候又下起了雨，淅淅沥沥的雨敲打着芭蕉叶，噼噼啪啪响个不停。淅沥的雨声让人心烦意乱，忍不住披着衣裳起身在室内徘徊。

这首词作于李清照南渡以后，她通过雨打芭蕉引起的满腹愁绪，来表达忧国、忧民，思念故乡的一片情思。

人在异乡为异客，本就备感凄凉。虽然赵明诚贵为江宁知府，但如今国破家亡，面对此情此景，也很难让李清照像往昔一般开怀起来。

青州，他们居住了几十年的家园就那样毁之一炬，那么多金石、文物也被一把火烧成了灰烬。每每念及此处，李清照都会感觉到刻骨铭心的疼痛。

那种疼痛深入骨髓，会随着呼吸而不停地跳动。这疼痛让李清照难以入睡，偏偏此时又迎来了江南的梅雨季节，淅淅沥沥的雨丝仿佛织成了一张细密的巨网，把人困在网中央，压抑得让人难以呼吸。

“亭亭画舸系春潭，直到行人酒半酣。不管烟波与风雨，载将离恨过江南。”此时李清照的心情也应如此吧！

青州成了再也回不去的故乡，有关那里的一切都变成了一场瑰丽的梦境，应是梦境太过于美好，才映衬着现实越发的凄凉。

可惜，沉浸在喜悦之中的赵明诚并不能体会李清照的心事，身为东南重镇的要员，四品郡守，可想而知，当时朝廷对赵明诚是何等的器重。

然而，赵明诚心中所想的并非为国为民分忧，反而又一心沉浸在金石、古玩的收集中。

想当初家境不宽裕的时候，李清照把自己的锦衣华服典当了给他买书画。后来复出为官，除了每日必需的开支以外，其他的闲钱都用来买金石了。

如今赵明诚坐上了四品要员的位置，思维模式也发生了变化，仗着自己位高权重，遇到他喜欢的物件，便留在自己家中，一来二去的也就不了了之了。

那这样得来的金石，以李清照清高、自傲的性格，她还会满心欢喜地与赵明诚烹茶共赏吗?

显然是不会的。所以，自打到了江宁以后，李清照是一天都没有真正开怀过。

宋朝有一个叫周辉的人，他在笔记杂史《清波杂志》第八卷中记载：“顷见易安族人言：明诚在建康日，易安每值天大雪，即顶笠披蓑，循城远览以寻诗。得句，必邀其夫赓和，明诚每苦之也。”

李清照在江宁的时候，过得非常不开心。每当遇到下雪的天气，就会戴着斗笠，披着蓑衣，登上城楼去寻觅诗句。每次作了新诗，还要邀请她的丈夫赵明诚一起来唱和。因为这件事情，赵明诚觉得非常苦恼。

赵明诚才华不及李清照，再加上公务繁忙，虽然苦恼，但他必定会陪同李清照登上城楼，一同眺望远方的故乡和家园。

虽然明知故乡太过遥远，哪怕望穿了秋水，望断了天涯，再也瞧不见，但李清照还是执拗地拉着赵明诚登上城楼，写下一篇篇忧国忧民的诗句。

赵明诚亦能感同身受，所以他虽然感到苦恼，亦能屡次陪着李清照。

所谓的患难夫妻，想来就是如此吧!

虽然赵明诚有着这样那样的缺点，但他对李清照的一颗心还是真挚的，至少此时他愿意陪着李清照，感同身受她的忧思。

有了赵明诚这份关怀，让身处异地的李清照感受到了些许的温暖。

是谁种下的这棵芭蕉树呢？她不得而知，只看到它遮天蔽日地遮住了光阴。虽然这棵芭蕉树长得很高大，但每一片叶片都紧连着花心，这多像一个国家再大，百姓的心都与朝廷紧密相连啊！

如今国破家亡，又怎么能让人安心地去享受这片刻的安宁与繁华呢？

屋漏偏逢连夜雨，诗人原本就满腹愁绪，再加上雨丝的磋磨，一颗心再也无法平静下来。

“一声梧叶一声秋，一点芭蕉一点愁，三更归梦三更后。落灯花，棋未收，叹新丰孤馆人留。枕上十年事，江南二老忧，都到心头。”雨打芭蕉，让人愁思不断，夜半时分，诗人梦回故乡。欣喜之余突然间醒来，只见屋内灯花落，残棋未收，自己依然孤单地滞留在新丰的小旅馆里。

诗人忍不住想起了十年前的往事，亦想到了留在江南的二老双亲，这些离愁别绪交织在一起，一同袭上了诗人的心头。

到底是雨还是芭蕉让人心烦意乱的呢？雨打芭蕉，本没有什么愁绪可言，只有心有忧思之人，听到雨打芭蕉的声音，才会牵动满腹的愁肠。

是不是美丽的东西，都需要通过距离观赏才能持久，不然每日里的柴米油盐，足以耗尽任何与情感有关的东西，余下的不是埋怨，就是一些想想就会心痛的漠然。

如一叶浮萍，漂漂荡荡来去自由，再也没有牵挂，身后少了温暖的目光，心底空空如也，哪怕世间万物也不能入眼。

就像儿时丢失了心爱的玩具，哭一场，或者醉一次，都不足以弥补心底的空缺。斗转星移，找不回的又岂止是青春，还有那一去不复返的光阴与爱情。

第三节　生当作人杰

生当作人杰，死亦为鬼雄。

至今思项羽，不肯过江东。

——《夏日绝句》

在乌江畔居住的那些日子，恰逢友人与相恋多年的男友分手。友人哭着说："感谢那个人的伤害，才让我更坚强地成长，才让我明白自己想要的究竟是什么。所以我努力保持微笑，以便邂逅那份属于我的温暖，就算难过，痛哭一场以后，也记得提醒自己保持微笑。所以在我笑容最明媚的时候，我遇见了他，那个爱我如生命的男子，现在想来足足浪费了两年的光阴，多么的不值。人生要懂得适时放手，不要把自己放在那么尴尬的处境，伤了自己，也伤了别人。"

友人的话语仿若一杯咖啡，苦涩却伴随着香浓，想必人生就如蝴蝶的蜕变一般，不经历些许疼痛，又如何知晓幸福的珍贵。

那将是多么黑暗又漫长的一段征途，其间要经历痛苦的洗礼与思念的疼痛，要穿过寂寞的海洋，要翻过欲望的高山，然后才能迎来新生。那必然是一段坎坷的旅途。

别人的锦瑟人生，想必也经过了如此残酷的蜕变，只有扼杀了往日的依赖和习惯，才会找到真正属于自己的幸福。

很多人都说李清照是婉约词的代表人物，她写的诗词瑰丽、哀怨、深情。她明明就是一介女流，吟诗作画，能令她沉迷的不过是一些儿女情长的琐事。

但李清照的诗词之所以能在历史上留下浓墨重彩的一笔，并非因为她仅仅懂得婉约。

在那个山河破碎、民不聊生的年代，面对家仇国恨，李清照心中一扫往日的儿女情长，更多的是忧国忧民的雄壮之气。

我曾多次徘徊在乌江畔，背靠着滚滚东去的乌江水，眼前仿佛重现了那场惊天地泣鬼神的战役。

被汉军团团围困在垓下的项羽，几次突围都以失败告终，眼见楚营粮草殆尽，四面又响起了楚歌声。

“力拔山兮气盖世，时不利兮骓不逝。骓不逝兮可奈何！虞兮虞兮奈若何！”眼看大势已去，曾经独霸一方的盖世英雄，一曲歌罢，也黯然落泪。

虞姬感同身受霸王的痛苦，她含泪唱道：“汉兵已略地，四方楚歌声。大王意气尽，贱妾何聊生！”

虞姬随即自刎在项羽的怀中，能死在心爱之人的怀里，对她来说亦是一种幸福吧！总好过一个人在这世上苟延残喘。

霸王明明有机会逃生，却自觉无颜再回江东见江东父老，因此拔剑自刎，留下一世的英名。

就连霸王胯下的乌骓马，见霸王自刎，也跳入乌江之中跟随主人而去。

传说乌骓马马背上的马鞍，漂到乌江对岸，逐渐形成了现在这座现代化的城市。

所以每每在这座城市中游走的时候，总能想到这段千年前的佳话。

有人苟且偷生地活着，醉生梦死以此为乐，有人为了家国梦想大义凛然、慷慨就义地死去，被后世之人永远祭奠。

想来李清照虽为女子，骨子里却有着与项羽一般的傲骨，宁可站着死，也不愿跪着生。

在她看来，人活着就要做英杰，呕心沥血为国家、为人民而奋战。

就算是死也要死在战场上，成为鬼中的英雄豪杰。

李清照这首诗充满了爱国主义情怀，慷慨激昂，振聋发聩。在当时那种混乱的局面下，确实能起到引领和号召的作用。一个深闺中的女子尚且有此等胸襟，更何况堂堂七尺男儿。

只可惜当时的南宋统治者，只顾着自己逃命，完全不管沦落之地百姓的死活，抛弃了大好的中原河山，苟且偷生，醉生梦死。

这首诗全篇仅有二十个字，却接连用了三个典故，通篇无华丽的辞藻堆砌，却慷慨激昂。而且出自一个女子之手，真是让当时多少须眉感到汗颜。

李清照的满腔热血并未得到回应，相反的，她最深爱的丈夫赵明诚还给了她当头一棒。

赵明诚钻研文学，做人与做丈夫都是极其合格的，为人也非常聪明好学，却缺少了一些男子汉应有的气概。他不只懦弱，更贪生怕死。

宋高宗建炎三年（1129），赵明诚在江宁做知府已经一年有余了。在这一年的二月份，御营统制官王亦在江宁城内起兵作乱。王亦官职虽然比赵明诚要低，但是按照当时的朝廷律法，他统领的兵马并不归赵明诚管，而是直接归朝廷管辖的。

所以他起兵作乱，这对于赵明诚来说是非常危险的。幸运的是赵明诚的下属李谟提前得知了这个消息，并把这个消息及时地告诉了赵明诚。

而此时赵明诚已经拿到了湖州的调令，他认为自己已经是湖州知府了，所以江宁这边的叛乱不归他管，应该留给新上任的江宁知府来处理。

因此赵明诚以自己不是江宁知府把李谟给打发了。

被逼无奈之下，李谟果断地采取了积极有效的防御措施，成功击退了叛军，才没有酿成大祸。

然而令人意想不到的是，赵明诚竟然带着另外两个江宁高官，趁着昨晚叛军作乱，从城墙上放下一根绳索，顺着绳索逃跑了。

国家兴亡，匹夫有责。虽然赵明诚此时已经拿到了湖州的调令，但在江宁新任知府没有到任之前，他就有责任带领城中的官兵维护江宁城的安危。

虽然这件事从公文上、程序上、制度上令人无法指责赵明诚，但是我们可以从良心上、道义上去谴责这种丑陋、恶心的行为。

赵明诚带着下属趁着月黑风高，偷偷顺着绳索垂下城墙的时候，完全没有顾及李清照的安危和感受。

他没有去想，他曾经倾家荡产收集来的文物，如果落入叛军的手中会有什么下场。

他亦没有去想，那么用心爱着他的李清照，如果落入叛军之手又会是怎么样的下场。

他只想着保全自己的性命，弃全城百姓于不顾，偷偷一走了之，把这一切都扔给李清照一个弱女子独自去面对。

若不是李谟当机立断提前采取了行动，防患于未然，有效地击退了叛军。若是他也被叛军杀了，那么就连李清照在内的全城百姓都会因为赵明诚的行为遭受兵戈之痛。

李清照得知此事后，内心悲痛，无以言表。心中深感愧对江宁城中的百姓。

但她与赵明诚毕竟同甘共苦几十年，历经磨难的李清照，最终还是选择了原谅赵明诚。

只是曾经如白月光一般照亮她内心的那个男子，却在这乱世之中逐渐褪去了身上的光环，把他胆小、懦弱、贪生怕死等丑陋的一面暴露在李清照面前。

这让李清照的内心日夜受到无尽的煎熬与痛苦。她的一生都是那么讲究完美，亦努力去做一个完美的人。

命运仿佛与她开了一个天大的玩笑，与她同床共枕了几十年的人，在此时终于露出了他丑陋的一面。

原来，这世间哪有什么完美啊！有的只是光鲜外表下被深深隐藏着的丑陋。

李清照与赵明诚和解以后，夫妻二人商量从此解甲归田，隐居山林，躲避这场始料不及的战祸。

但生逢乱世，退隐江湖就真能保一方平安吗？

第四节　旧时天气旧时衣

天上星河转，人间帘幕垂。凉生枕簟泪痕滋。起解罗衣聊问、夜何其。

翠贴莲蓬小，金销藕叶稀。旧时天气旧时衣。只有情怀不似、旧家时。

《南歌子·天上星河转》——李清照

拖着沉重的行李箱，一步步远离这座陌生的城市，人群在喧闹，列车在疾驰，而我只听到一首歌反反复复在播放：“翻开随身携带的记事本，写着许多事都是关于你。你讨厌被冷落，习惯被守候，寂寞才找我。”

总是在奔波，永远也找不到一个可以落脚的地方，惶恐的如顺水漂流的浮萍，不知道下一站将飘向哪里。

想起曾经那些温暖的往事，在睡梦中都会微笑，满心的感激。也曾一度认为，从此都不需要再漂泊，终于停靠在你宁静的港湾，多好！

时光总是匆匆，岁月却是一把剔骨的尖刀，它能轻易剥去伪装，只需一阵风就吹散了心底所有的美好，只把虚无赤裸裸袒露在眼前，明晃晃嘲笑着那些曾经。

那些美好的、亦或者残酷的，都如一道光环，紧紧圈在心头，随着呼吸越勒越紧，直到失去痛觉，逐渐变得麻木，机械地随着时光，日复一日在行走，却永远失去了方向。

李清照与赵明诚选择归隐，他们先到了安徽的芜湖、当涂，最后选择在池中居住。原本打算在池州休养一番，再去江西的赣江定居。夫妻二人决定彻底隐居，完全不理世事了。

然而计划没有变化快。突然而来的一道圣旨，彻底打破了他们原有的宁静。

在赵明诚被罢免不到三个月的时间，他复又接到了一道任命他为湖州知府的圣旨。

宋代的官制制度，官员在去上任之前，需要先去觐见皇帝。因此赵明诚即将要启程去健康城拜见皇上赵构。

这个健康城是除了开封和青州以外，给李清照夫妇留下印象最深的地方了。先是李清照夫妇去奔丧、逃难的地方，复赵明诚在这里做了大官，最后赵明诚又在这里留下了终身的耻辱。

所以赵明诚去这里觐见皇上，就颇有一些生命轮回的意思，仿佛老天又给了他一次机会，让他从哪里跌倒，就在哪里爬起来。

因此经过夫妻二人商议，让李清照暂时留在池州，等赵明诚觐见了皇上，再返回带着李清照一同去湖州上任。

但是李清照万万没有想到，她与赵明诚分开仅仅一个月，在七月底的时候，她就接到了赵明诚得了疟疾病重的消息。

这个消息对李清照来说简直是遂不及防，她还痴痴在池中等待，期待赵明诚早日来接她。以前他们也离别过很多次，每次他都能平安归来。

可这一次李清照等来的确是这样的消息。如今国破家亡，百姓们都四处逃难，生活虽然艰难，可好在那人还在身边陪伴。有了他的陪伴，未来再苦她都能承受。

李清照从来没有想到，有朝一日她会与赵明诚分开。她亦不敢去想，前途渺茫，如果没有了赵明诚，她一个弱女子又该去向何方？

所以李清照接到消息以后，连夜坐船赶往健康城，一夜就行了三百里。此时的她已经完全把生死置之度外了，她只想早日守在他身旁，或许因为她在了，他就能好起来，就不会丢下她一个人在这纷乱的世间。

然而等李清照赶到健康城的时候，赵明诚已经病入膏肓，她只能眼睁睁的看着他的生命一点点流逝，而无能为力。

建炎三年（1129）八月，赵明诚匆匆写下一首绝命诗便撒手人寰。死之前赵明诚对家中之事并未留下只言片语。这一年赵明诚49岁，李清照46岁。

犹记得《神雕侠侣》中那只白雕见同伴身亡，不忍独活于世，殉情自杀的场景。

问世间，情为何物，直教生死相许？

天南地北双飞客，老翅几回寒暑。

欢乐趣，离别苦，就中更有痴儿女。

君应有语：渺万里层云，千山暮雪，只影向谁去？

想来此时的李清照亦是同样的心情，从豆蔻年华时的一见钟情，到后来几十年的举案齐眉。虽然期间二人也曾有过间隙，但在心中那份深情的面前，所有的间隙最后都变成了促进二人感情的催化剂。

所以赵明诚死了，李清照的所有的爱情亦都跟着去了，甚至连生命都丢了一半，因此李清照大病了一场。

李清照多么渴望自己也随赵明诚一同去了，但无奈的是她必须要活着。活着守护赵明诚钟爱了一生的金石文物。

国破家亡，四处逃难，挚爱一生的丈夫又陡然逝去，大部分金石文物都毁于一旦。人生所谓的凄凉，想来也不过如此。

命运钟爱了李清照半生，却在晚年的时候与她开了一个大玩笑。几乎把她所有和幸福有关的东西都收了回去，只留她一个人孤零零的活在这乱世。

“十五年前花月底，相从曾赋赏花诗。今看花月浑相似，安得情怀似往时！”遥想二人在青州居住的时候，花前月下，形影不离，浓情蜜意，相伴着赏花，吟诗作对好不自在快活。

可如今虽然花月还是原来的模样，可是那人却早已消失不在，空留她一人孤单的活在这世上，面对此情此景，不禁又想起了那些遥远的往事。

因此，李清照合着血泪这样写道：

天上星河转，人间帘幕垂。凉生枕簟泪痕滋。起解罗衣聊问、夜何其。

翠贴莲蓬小，金销藕叶稀。旧时天气旧时衣。只有情怀不似、旧家时。

“天上星河转，人间帘幕垂”，天上星河转动，人间的帘幕低垂，她与他之间隔着天上和人间的距离。哪怕彻夜辗转难眠，她与他也再无相见之时。

或许是孤枕难眠，又或许是夜太过漫长，长到她把与赵明诚之间的往事回忆了一遍，天都还没有亮。

闲来无事，做什么事都没有心情，心中空空如也，哪怕是写诗，都少了些许灵魂，或许所有的灵感都随着那人去了，空留下一具皮囊，还苟且活在这世上。

“凉生枕簟泪痕滋。”秋夜渐凉，连带着枕簟也生凉，屋子里到处冷冷清清的，就像诗人地内心一般冰冷如水，寒冷异常。

面对此景不禁让人触景生情，悲从中来，斑斑泪痕打湿了无尽的长夜。

“起解罗衣聊问夜何其。”和衣而卧，有了夜幕的掩饰，才敢把深藏在内心深处的心事，拿出来一点点翻阅。

往事一幕幕，伤心一幕幕，回忆像一杯会上瘾的鸩酒，明明痛入骨髓，却又甘之若饴。

诗人独自痛过、哭过、怨过、恨过以后，蓦然从往事中觉醒，才发现夜已深沉，等她解开罗衣想要安睡的时候，又已经是临近清晨之时了。

窗外疏风细雨，小雨萧萧，就像我的心情一般，瞧着窗外的细雨，忍不住泪千行。

如今人去楼空，就算萧声响起，也没有人再陪她一起欣赏了。那人离去了，让她痛断肝肠。

“翠贴莲蓬小，金销藕叶稀。”解开罗衣想要安睡，看到衣襟上的花绣，这些用翠羽贴成莲蓬模样，以金线嵌绣莲叶花纹的花绣，原本都是贵妇人才能穿戴的衣裳啊！

看到这些花绣又引出一番思绪来，那时她穿着锦绣罗衣，与他相依偎在暮色之中缠绵。

他身上有她贪恋的熟悉气味，她枕在他的怀中，闻着这些熟悉的气味安然入眠，那样的夜，不管什么时候都是温暖的。

可再看如今呢？孤枕难眠，便是穿着同样华贵的罗衣，看着同样的秋夜，却因为少了一个人的陪伴，而遍体生寒，再也没有了往昔的那种暖意，不禁悲从中来。

“旧时天气旧时衣。”寒凉的秋季如旧，金翠的罗衣也如旧，穿着罗衣的人也如旧，只有彼时的情怀不再似旧时的那般了。

你已陡然远去，所有的思念和哀伤都无法再与你诉说，看着窗外的绽放的梅花，又一年春天到来了。你走了有多久了？可还记得这人间的芬芳，可还记得我对你的一往深情？

人说，世间最苦的情感就是单相思，明明是一腔柔情，却要装得淡然，眼泪流入心底，笑容却越发的明媚，需要多坚强，才能微笑着望着你远去？

唯有葬了一颗用情至深的心，此后所有的颠沛流离都与你有关，与青灯古佛为伴，邀明月、星辰共饮，仅凭那些温暖的记忆，就足以慰藉一生。

她已经快五十岁了啊！膝下没有子嗣，她最爱之人又撒手人寰。国破家亡，她就如一页浮萍一般，不知道下一站又在哪里？

该是怎样的决绝与感伤，为此我几乎倾尽笔墨亦无法描述。

第五节　怎一个愁字了得！

寻寻觅觅，冷冷清清，凄凄惨惨戚戚。乍暖还寒时候，最难将息。三杯两盏淡酒，怎敌他、晚来风急？雁过也，正伤心，却是旧时相识。

满地黄花堆积，憔悴损，如今有谁堪摘？守着窗儿，独自怎生得黑？梧桐更兼细雨，到黄昏、点点滴滴。这次第，怎一个愁字了得！

——《声声慢·寻寻觅觅》

敲下这行题目的时候，耳边正重复播放着刘若英的那首歌《很爱很爱你》：“很爱很爱你，所以愿意舍得让你，往更多幸福的地方飞去……”

不管多么美丽的相遇和相知，最后都会在时间的尘埃里被人深深地遗忘。

就像一朵开在春风里的花，初始人们皆赞扬它的美丽，只是转身便遗忘了它凋零时的孤寂。

当时间镂空了记忆，那些以为总也忘不掉的心事，其实早已随着风散落在天涯。

那个人，那段往事，都变成了回忆，只适合在深夜独自翻阅。

每每从深夜醒来的时候，嘴里、心里念的还是那个人的名字，一颗抑郁的心，两行清泪，相伴着走过了一个又一个漫长的冬夜。

想来不管经过怎样的岁月，李清照都不会忘记那个相濡以沫走过了几十年的夫君——赵明诚。

虽然她与他也曾有过误会和嫌隙，虽然他曾经也迷失在物欲横流之中，虽然他曾经做过弃城逃跑的懦夫。

他或许不是一个好的官员，但对于李清照来说他是个合格的丈夫。她这一生所有的喜怒哀乐都与这个人有关。

他在的时候，不管相隔多远她都是个有家之人，有他照顾她，护着她，不让她被人欺凌。

如今他不在了，她就变成了一个孤苦无依的老太太，人海茫茫，哪里都不是她的归处。

那一年，他49岁，她46岁。

时间仿佛就定格在那一天，余下的生命完全没有了意义，活着只是为了保护那人留下的大量珍贵的文物。

“爱屋及乌”是李清照能给赵明诚的最真挚之爱。

但乱世飘零，身后没有可以依仗之人，又身怀异宝。“匹夫无罪，怀璧其罪。”这些金石文物曾经是李清照和赵明诚毕生的骄傲，如今对于李清照来说，却仿佛变成了乱世的一张催命符。

面对四周的危机四伏，她彷徨无依地这样写下《声声慢·寻寻觅觅》

一直都在黑暗中寻寻觅觅，希望能找寻到你消失已久的身影，却只能孤身一人备感冷冷清清，怎不让人感到凄凄惨惨戚戚。乍暖还寒的季节，最难调养休息。只能喝上三两杯淡酒温暖身体，又怎么能敌得过傍晚时分忽然袭来的寒风？

这时，一行大雁缓缓从空中飞过，它们哀鸣着启程，即将与故土别离。这叫声更增添了几许伤心，因为都是旧相识啊！

小院中菊花的残叶堆满了地面，剩下尚未凋零的叶片也已经憔悴不堪了，生逢这样的乱世，谁还会怜惜一朵菊花的凋零。

一个人冷冷清清地守在窗前，面对如此漫长的时光，独自一人空守着这方庭院，该如何才能熬到天黑？就算到了天黑，又该怎么面对那漫长的黑夜？

窗外，雨打梧桐叶淅淅沥沥，这场雨一直下到黄昏时分还没有停歇。这样的景色，怎一个愁字了得！

凄风苦雨，菊花凋零，北雁南飞，雨打梧桐，种种场景越发衬托着诗人心中的孤苦无依。

不知道从什么时候起，诗人开始那么畏惧别离，仿佛一切跟别离有关的字眼，都如瘟疫一般会蔓延，让人躲闪不及。

这世间最遥远的距离就是生死相隔，哪怕心中尚揣着对他的爱恋，也无法挽留那人离去的脚步。

相濡以沫二十八年，曾以为的天长地久，转瞬就成了一场空。曾经的天涯咫尺与今日的咫尺天涯，一条忘川河成了她与他之间永远无法跨越的天涯。

今年的秋天仿佛特别寒冷，恼人的秋雨也来凑热闹，一直淅淅沥沥下个不停。

靖康之乱以后，诗人经历了国破、家亡，大部分金石损失殆尽，如今挚爱一生的丈夫又陡然离去，诗人感觉伤心疲惫，心力交瘁。这期间诗人的作品也没有了往日的清丽婉约，变得抑郁凄婉，主要抒发和表达对亡夫赵明诚的怀念和独自一人飘零的感慨，这首词便是这个时期的代表作品。

诗人原本心情不好，再加上这种乍暖还寒的天气，就更加无法入睡了。自打赵明诚逝去以后，诗人几乎没有睡过一个安稳觉。若是能安然入梦，便能暂时逃脱眼前的痛苦，便能与那人在梦中相聚。

但越想越无法入睡，诗人备感凄冷，索性披衣起床，喝几杯淡酒暖暖身子吧！

“花间一壶酒，独酌无相亲。举杯邀明月，对影成三人。月既不解饮，影徒随我身……”独自饮茶是一种境界，独自饮酒却是一种难言的寂寞。李清照就在这种寂寞中越发沉沦。

孤独随着光阴在蔓延，端着一杯淡酒，独自站在窗前眺望远方，这个时候疾风劲雨，滴滴答答敲打着窗外的梧桐。

空中忽然传来一阵独雁的哀伤悲鸣，那叫声太过凄凉，让诗人感慨万千，雁儿啊！难道你也与我一般，老年丧失了爱侣。只是以后千山暮雪，又该只影向谁去啊！

正感慨万千，诗人忽地发现，这只孤雁仿佛就是以前为自己传递情信的那一只。阴阳相隔，生死两茫茫，物是人非事事休，欲语泪先流。

总想描述一些想念，却无法抵达最真实的情感，在人群中躲闪，然后落寞地行走。

身躯如深秋即将凋零的落叶，飘摇在风雨中，单薄且脆弱。

时常揣想，是否能迎来又一个火红的日出，是否能看到你温润如玉的笑脸，是否还能紧握着你温暖的手，依偎着倒数新年的钟声。

习惯躲避喧闹的人群，沿着记忆的河畔缓慢行走，途中偶然会停下脚步，寻找一些被人们遗忘的温暖。

又或者只是徘徊在一扇门外，倾听喧闹的繁华，想象觥筹交错的盛景，然后安静地等待散场。

小雨淅沥，秋风送冷，窗外的菊花在凄风冷雨的摧残下散落了一地，遥想当年，李清照与赵明诚一起，花前月下，把酒共饮。

如今，菊花开了又残，又有谁会在意它的忧伤呢？面对着孤雁、残菊，诗人手托香腮，泪两行。孤寂的夜、凄冷的雨、凋残的花，再加上一颗伤感破碎的心，这一组画面孤单得让人心碎。

正因为有了初始的那么多美好，才越发映衬出如今的凄凉与酸楚。想当初他们一起研究金石，一起舞文弄墨，那日子总是过得飞快，留也留不住。

不似现在这般，时间多而细密，让她总能触景生情，每时每刻都忆起他来。

好不容易熬到了夜幕降临，疾风苦雨却又敲打个不停。雨打梧桐，窗外的两棵梧桐并肩站在冷雨中，相互依偎。就连梧桐树都有伴侣，只有她如此的孤单啊！

初见你时，你正立于一片萧瑟之中，四周是凋零的落叶，身后是一片火红的枫树，手捧诗集，书声琅琅。

一场秋雨一场寒，我知此时的你一定是贪恋沿途的风景，所以迟迟不肯到来。错过了花期，错过了中秋，亦错过了这场秋雨，忘了前世的约定，今生陪我共撑一把伞，沿着青石板的巷口，长长久久地行走，一直到白头。

我曾在黑暗与极昼之间徘徊不已，一面寂静漆黑，一面喧闹嘈杂，两个点的交汇处波涛暗涌，表面却风平浪静。

犹如飞逝的时间，于波澜不惊之间就改变了模样。

你已不是你，我亦非我，咫尺变成了天涯。

第五卷　十年生死两茫茫

国破家亡，夫君亡故，贵重的金石文物毁于一旦，仿佛一夜之间所有的不幸都紧跟着降临。生于这样的乱世，她期望的岁月静好终成为一场空。庭院深深，归鸿声断，西风留旧寒。那个人去了，只余下她孤苦无依，四处飘零，尝遍世间冷暖。

第一节　人间天上，没个人堪寄

世人作梅词，下笔便俗。予试作一篇，乃知前言不妄耳。

藤床纸帐朝眠起，说不尽无佳思。沉香断续玉炉寒，伴我情怀如水。笛声三弄，梅心惊破，多少春情意。

小风疏雨萧萧地，又催下千行泪。吹箫人去玉楼空，肠断与谁同倚。一枝折得，人间天上，没个人堪寄。

《孤雁儿·世人作梅词》

一个人的冬天，冷得透彻，孤独地行走，孤独地歌唱。孤独地守着一段岁月，反反复复沉沦。

生活如一幅精美的水墨画，或许谁也无法揣想，下一刻是谁添一笔浓墨重彩。

你用一睑秋水锁住了忧伤，在秋日的午后，绽放成一朵花的样子，委婉得让人不忍拒绝。

如一枝清荷，亭亭玉立在聒噪的人群中央，所谓伊人，在水一方。

伊人似水，只是无人欣赏，懂得欣赏她的那个人已去，人间便再也不值得留恋。

又或者从他离去那日起，她的魂魄便跟着一起去了，空留下一具残躯，在这乱世中沉浮、飘零。

这一年，赵明诚已经去世四年了，李清照也已经49岁了。年近五旬，又孤苦一人，带着她和赵明诚共同收藏的文物。此时那本《金石录》尚且没有整理完成，这可是赵明诚的遗愿。

“白日正中，叹庞翁之机捷；坚城自堕，怜杞妇之悲深。”面对如此乱世，为了守护珍贵文物典籍，还在大病中的李清照，前往洪州投奔赵明诚的妹夫，兵部侍郎李擢。

洪州远离建康城，此时的战火尚未蔓延至此地，李清照满心希翼，能把这些珍贵的文物典籍安全地运送到洪州，得以妥善安放。

然而，命运再次与她开了一个玩笑。这些她几次冒着生命危险抢救回来的文物典籍，在运送到洪州以后，还是在劫难逃。

李清照在《金石录后序》中写道：“朝廷已分遣六宫……”指的就是建炎三年的七月，隆祐太后率领六宫逃往洪州，当时护卫太后等人前往洪州的，正是赵明诚的妹夫兵部侍郎李擢。

原本想着既有重兵守护，这些两万多卷古籍及两千多卷金石刻本，以及数量非常之多的古董器皿等珍贵文物，在李擢的保护下，应该能够幸免于难。

毕竟这些金石文物，是赵明诚临死之时的重托，李清照不顾身体沉疴，当即委托赵明诚生前的“故吏先部”雇佣可靠的船只，在李清照千叮咛、万嘱咐之下，拉着这些珍宝前往洪州交于兵部侍郎李擢。

李清照只挑捡了一些方便、轻巧的珍惜文物随身携带。

然而由于隆祐太后率领六宫前往洪州之时，人数众人，目标太大，因此被金兵一路追击至洪州。

洪州守城主将弃城逃跑，太后一行则改道前往虔州，兵部侍郎李擢和他的父亲不知所踪。

所以李清照托人千里迢迢送去洪州的文物，损失殆尽。

李清照得知这个消息后，又大病了一场，觉得自己有负赵明诚临终所托。

又是一年春来到，诗人在这样初春的早晨，从思念的梦境之中醒来，入目的是藤床纸帐，环境优雅、静怡，原本应是身心愉悦不已的，可是因为少了一个人陪伴，心中反而有一种说不清道不尽的哀伤与凄凉。

香炉之中的沉香已经燃尽了，却没有心思再往里面续添，没有了沉香的温暖，香炉里面的温度也就凉了下来。而诗人如水一般的心思，也跟着孤寂凄凉了起来。

梅园中的梅花，好像似被《梅花三弄》的羌笛一夜之间吹开放了一般，朵朵都满含着对春天的向往之情。

春天姗姗而来，此情此景不禁让诗人忆起了往昔与赵明诚相伴的欢愉时光，可物是人非事事休，眼前盎然的春色勾起了诗人心中无限的忧愁。

“雨霁风光，春分天气，千花百卉争明媚。画梁新燕一双双，玉笼鹦鹉愁孤睡。薜荔依墙，莓苔满地，青楼几处歌声丽。蓦然旧事上心来，无言敛皱眉山翠。”春雨过后，风光明媚，百花争鸣，画梁之上刚刚归来的燕子，出双入对地忙碌着，玉笼里面的鹦鹉却因为孤独而独自愁眠。

此情此景虽然是最好，但越发衬得人孤独，便是连这贵如油的春雨都平添了几分清冷之色。

门外细雨潇潇，门内伊人独坐，不知不觉间便已经是唯有泪千行。赵明诚已逝，带走了诗人心中的整个春天，独留下一座空楼，便是独上西楼，也望不见归乡之路。

纵然是春意盎然百花争鸣，梅花枝头绽放的美景又有什么用呢？还不是一个人形单影只，又有谁与自己倚栏同赏这眼前的美景呢？

“花当折时直须折，莫待花落空折枝。”诗人有心折下一枝梅花，但是她找遍天上人间，四顾茫然，却没有找到一个人可以馈赠的，就像这满目的春景，却无人与她共赏一般，心中只剩下了凄凉。

“笛声三弄，梅心惊破，多少春情意。”这幽深的庭院，被浓雾遮掩的楼阁，就如她此时的人生一般，前途一片渺茫，她亦没有归途，只能在这乱世之中四处飘零。

耳畔传来声声羌笛，让人忍不住想到园中的梅花，仿佛被笛声吹绽了万树枝头，亦是带来了春天的消息。

听到《梅花三弄》，诗人忆起了故人，看到梅花便开始思念春天，因为多少情谊都包含在春景之中啊！

“我一生渴望被人收藏好，妥善安放，细心保存。免我惊，免我苦，免我四下流离，免我无枝可依。但那人，我知，我一直知，他永不会来。”这或许是世间每个女人一生所求的幸运吧！

李清照曾经拥有过，但如今她丢失了，再也无人护她周全，再也无人陪她颠沛流离。

她心中渴望的太平盛世就如这春天一样，迟迟不肯到来。

那个人去往哪里了啊？可是那人已经远去了很久了啊！久到在梦中都很少与他相聚了。

李清照自知与赵明诚已经天人永隔，那人再也不会回来，她只能寄情于南柯一梦，希望在梦中能够再与那人相聚。

酒入愁肠愁更愁，以词忆情也只能倍增凄苦。李清照以梅花写情，却不直接以梅花喻人，而是把“梅花”与“清梦”相结合，明着写花，实则写人。

古往今来，梅花在诗人的心中都是品质高洁、纯洁无比的，就好比诗人心中永不可磨灭的爱情与回忆。

那人就像寒冬绽放在枝头的梅花一般，就算历经严霜苦雪，亦不能掩盖它俏丽的身姿和浓郁的花香。

梅花又好比是一种希望，梅花开放了，春天还会远吗？

再寒冷的冬天也会迎来春天的到来。诗人亦寄情于此，希望这场战火早日消退，迎来曙光和黎明。

在此处点名惹得这番闺中愁怨的正是“清梦”之中那个人。只是那人已经驾鹤西去，永远离开了她，只能寄情于南柯相会了。

“小风疏雨萧萧地，又催下千行泪。吹箫人去玉楼空，肠断与谁同倚。”门外潇潇细雨，门内依然垂泪，以雨催泪，又以泪衬托雨水，相互烘托，巧妙地将外景与内景融为了一体，让人分不清令诗人忧愁的究竟是雨还是泪。

赵明诚就像吹箫人萧史一样，骑着彩凤翩然而去，空留下一座阁楼，纵有梅花好景又该与谁共赏呢？

忆往昔与赵明诚踏雪寻梅，对酒当歌的情景，不禁怆然泪下。

或许本是诗人心中愁苦，所看到之物皆是一片凄凉的感触。

若不然严冬将逝，南枝绽放，原本是一片欣欣向荣。可因为诗人心中充满了愁怨，便连带着怜惜起枝头红梅的清瘦来。

“一枝折得，人间天上，没个人堪寄。”陆凯当年折下梅花赠与范晔，以此来表达心中的思念之情。可如今诗人折下梅花又该送给谁呢？遍觅人间，四顾茫茫，那人早已远去，便是托鸿雁都无法将自己心中的思念送达。

花落、人亡两不知，一双无助、含泪的眸子，一双纤细、孤独的手，和一首空旷、寂寥的词，在春风中组成一幅凄婉的画面，决绝而美丽。

时间是优秀的雕刻师，总是剔除记忆里的拥堵，把明天刻画得无以伦比，引诱着我们不断地前行。

路过的风景，错过的人群，不管当初有多么深的记忆，回头看去，也不过是生命中的一帧画面，色泽老旧，面容模糊，昔日的种种情愫都化成了装饰，不是沧桑了面容，就是沉淀了内心。

只是，几十年的相濡以沫，要说相忘，又何尝不是自欺欺人。

家国破碎，四处飘零。她与他共同收藏的金石文物又几乎毁之殆尽。睹物思人，留给她的思念之物却越来越少，因此只能寄情于一场梦境。

可是，那个人走得久了，竟连她梦中都吝啬得不肯来了。未来还有那么长，若是没有了你的陪伴，她又将如何孤独地度过。

50岁的李清照，双鬓已现斑白，心中早已满是沧桑。如今望着雾锁重楼，心中的哀伤与悲戚就像被放大了一般，几乎将她吞没……

第二节　无可奈何花落去

风定落花深，帘外拥红堆雪。长记海棠开后，正伤春时节。

酒阑歌罢玉尊空，青缸暗明灭。魂梦不堪幽怨，更一声鶗鴂。

——《好事近·风定落花深》

“谁念西风独自凉？萧萧黄叶闭疏窗。沉思往事立残阳。”就如茫茫人海中的惊鸿一瞥，只一眼，便成了永恒。

她与他初见便是如此，仅是“倚门回首，却把青梅嗅”，那人便住进了她的心里，再也挥之不去。

匆匆数十年弹指而过。她从未想过他会先她而去，仅留她孤零零一人活在世上。

眼前仿若出现一组画面，一袭白衣，凄清而落寞，立于一丛树下，仰望着漫天飞舞的枯叶，寂静而苍凉。

有那么一刻冲动，想要伸出双手去拥抱那个背影，用一颗火热的心，抚平那些和忧伤有关的记忆。

试想在这纷乱的世间，还有谁可以一直藏着那颗真挚的心，每每于华灯初上时，孤寂地思念早已逝去的人，即使每一次思念都伴随着撕裂般的痛。

良人面容清晰，却永远无法触摸，再也不能在无助时轻轻挤入他的怀中，相伴着取暖。

“十年生死两茫茫，不思量，自难忘。千里孤坟，无处话凄凉。”刻骨的相思如毒蛊一般，每每发作，痛入骨髓。

月若美玉，皎洁而纯净，月有阴晴圆缺，虽有一时的圆满，但更多的时候是残缺，多么令人遗憾。

就如李清照的爱情一般，虽有几十年短暂的圆满与欢愉，但世事无常，今日的团聚也许就是明日的离别。

一场突如其来的风，总算是停歇了，庭院中落花满地。透过珠帘向外望去，只见落红满地，雪瓣成堆。还记得海棠花开过之后，正是伤春时节。

一场酒喝得尽兴，玉樽空了，歌声也停歇了，唯有一盏青灯忽明忽暗闪烁不定。终是魂牵梦萦，心底那一腔幽怨难以消除，忽地一声鶗鴂鸣叫，仿佛在报送春天的到来。

“风定落花深，帘外拥红堆雪。”一场风来，又一场风去，必定会引起一场花事，流水无意，落花有情，因此落花才厚厚地堆积在地面不肯离去。

那一地雪白与殷红交相呼应着，谁也不肯示弱。但那又如何呢？脱离了枝头的供养，不出片刻就又争相枯萎了，谁也留不住。

当风雨停歇的时候，就算不卷珠帘也知道窗外是怎样一片凄凉。

朱淑真在《谒金门·春半》中这样写道：“满院落花帘不卷，断肠芳草远。”院子里满地都是残花，幕帘低垂，在屋中呆坐，不忍心看到窗外那一片衰败的景色。春天就要离去了，芳草萋萋，思念的那个人远在天边，又怎不让人思念得痛断肝肠。

韦庄在《更漏子·钟鼓寒》中写道：“深院闭，小庭空，落花香露红。烟柳重，春雾薄，灯背水窗高阁。”庭院深深，院门紧闭，庭院内一片空寂，落花带着香露落了满地，烟柳重重，春雾袅袅，倚在高阁临水的窗前，眺望远方，屋内的灯光就要熄灭了。

许多诗人从不同角度写雨后落花，都在诗中流露出怜花的含意来，但与李清照相比，显然还是李清照的心思更细腻一些。

“长记海棠开后，正伤春时节。”不觉中诗人打开了记忆的闸门，往事像潮水一般涌上心头。诗人在这里不写究竟想起了谁，只说海棠开后，又到了伤春时节。说到“海棠”便让人想起她曾经的诗句：“昨夜雨疏风骤，浓睡不消残酒。试问卷帘人，却道海棠依旧。知否，知否？应是绿肥红瘦。”海棠花落，春天即逝，所有与美丽相关的东西都那么容易凋零，强留不住。

就像她眼睁睁地看着那个人，生命一点点儿流逝，她也无可奈何。多像这随着春水凋零的落花，任你怎么感伤，也无法留住它远去的脚步。

“酒阑歌罢玉尊空，青缸暗明灭。”酒倒尽了，歌唱罢了，玉樽也空了。油灯忽明忽暗，画面伤感、冷清、压抑。试想，一个初丧偶，又接连受挫，提心吊胆的妇人，身处这样一个环境中，该是怎样的苍凉与孤寂。

“魂梦不堪幽怨，更一声鶗鴂。”白天的时候诗人借由惜花婉转地表达心中的悲凉，夜晚的时候借酒消愁，又愁上加愁。只能把满腹的哀伤寄情于南柯一梦，希望在梦中还能与那个人相会。

诗人醒来的时候，听见鶗鴂哀啼不断，这让她冰冷的心愈发凄凉了。

但不管她多么哀伤，那人终究已经远去，她只能孤苦无依地在这世间飘零。如若那人还在，文物未丢，国家尚且繁荣安好，那该有多好。

只可惜，往日的一切都如明日黄花，不复存在了。

诗人除了思念已故的丈夫，还有着浓浓的忧国忧民的情怀，这一点也体现出她巾帼不让须眉的凛然大气。

但生逢乱世，她一个弱女子又能奈何？只能随着逃难的人群四处躲避，走投无路的李清照，迫不得已再次南下，与继母所生的弟弟李迒会合。为了躲避战祸，只能紧随朝廷的御舟而行。

李清照在《金石录后序》中有记载："上江既不可往，又虏势叵测，有弟迒，任敕局删定官，遂往依之。到台，台守已遁；之剡，出睦，又弃衣被。走黄岩，雇舟入海，奔行朝，时驻跸章安。从御舟海道之温，又之越。庚戌十二月，放散百官，遂之衢。绍兴辛亥春三月，复赴越；壬子，又赴杭。"

李清照的弟弟李迒是朝廷里的敕局删定官，官职虽不大，却因为职务特殊的原因，得以跟随在高宗左右。

逃难中的李清照虽然拼命保护着为数不多的金石文物，但还是被官兵侵占了一部分。租住在农家的时候，又被明抢暗偷了一部分。虽然赵明诚临终之前把这些金石文物重托于她，但时至今日已经所剩无几。

然而祸不单行，李清照在《金石录后续》中留下这样的记载：

先侯疾亟时，有张飞卿学士，携玉壶过视侯，便携去，其实珉也。不知何人传道，遂妄言有颁金之语，或传亦有密论列者。余大惶怖，不敢言，亦不敢遂已，尽将家中所有铜器等物，欲赴外廷投进。到越，已移幸四明。不敢留家中，并写本书寄剡。

根据史料记载，在赵明诚逝去之后不久，高宗皇帝就曾让亲信企图以区区300两黄金，将李清照手中所有的金石古物都买下来。好在当时赵明诚的姨兄还在朝堂之上任职，得知此事后，上书进行劝解，李清照才免于被这些人为难。

在赵明诚病重之时，曾有一名叫张飞卿的学士，带着一枚玉壶来家中探望他。说是玉壶，其实就是用一块形状像美玉的石头雕刻而成的，但那人走时，又把这枚玉壶带走了。

后来这件事不知道被谁传了出去，于是就有人暗中上表，说赵明诚分赐金人，并进行检举和弹劾，举报他有通敌的嫌疑。

李清照得知此事后，心中十分惶恐，就想着把家中所剩无几的金石古物等都拿出来，投进给朝廷。

她亦深知“匹夫无罪，怀璧其罪”的道理，但这个投进的过程几经坎坷，高宗皇帝为了躲避战祸，四处逃窜。李清照只能一路追在他们身后，万幸的是，她终于得偿所愿。

这些金石古物对于李清照而言不仅仅是藏品，它们凝聚了赵明诚和她毕生的心血，它们见证了她与赵明诚之间的爱情，也是他们婚后幸福的延续，更是亡夫临终前的重托。可如今，在这样的乱世，她一个弱女子连自己都保护不了，又有什么能力保护这些珍贵的文物。

原本这些物件留在她的身边，她尚可睹物思人，可如今人去楼空，便连最后一点念想都彻底断了，这就像她又失去了赵明诚一次一般，痛入骨髓。

第三节　相思一夜天涯远

归鸿声断残云碧，背窗雪落炉烟直。烛底凤钗明，钗头人胜轻。

角声催晓漏，曙色回牛斗。春意看花难，西风留旧寒。

——《菩萨蛮·归鸿声断残云碧》

昨日迎来了一场秋雨，走在寂静的小路上，越发思念一位故人。虽近在咫尺，但那人早已不是原来的模样，在世俗的侵袭中，终免不了一场蜕变。

安静地走在时光的身后，从容地观看一场演出，然后落幕、退场，没有一丝挣扎，就仿若从未遇见，只是在时空的交错中擦肩而过，谁也不是谁的谁。

隔着漫长的光阴，我已无法触及李清照心底的情愫，只能随着词中的只言片语暗自揣摩。

就如我们隔着时空的距离，哪怕紧紧相拥也无法知晓彼此的心事，只能惴惴思量，时而欢喜，时而忧愁。

看着你来来去去，我独守着一片光阴，坐在时间的褶皱里，慢慢变老。

想来最浪漫的事也不过如此，你在人群中绽放、凋零，而我隔着世俗，倾尽所有，陪你演一出喜剧，然后完美落幕。

你往左，我往右，从此不再相逢，只留下一段故事，供人评说。

如果可以，李清照亦想竭尽全力爱赵明诚一生，喜欢他的喜欢，爱他所爱。就这样追随在他的身后，相伴到老，此乃人生最大的幸事。

然而，造化弄人。刚刚步入晚年，她的生活就来了一场翻天覆地的变化。国破家亡，爱侣病逝，金石损失殆尽。前半生几乎所有与幸福有关的字眼，都已离她而去，晚景是那样的凄凉。

在进献完金石文物以后，李清照的生命也仿佛被抽去了，她在弟弟家大病了一场。

建炎四年（1130），东海上突如其来的一场风暴海啸，吓退了擅长陆战的金兵。这才让仓皇逃亡的高宗皇帝有了喘息的机会，驻扎在越州。翌年，升越州为绍兴府。

在这期间，高宗皇帝多次下诏书表彰“元祐忠贤”，李清照的弟弟李远也因此升了一级官职。

李清照也因为这难得的平静而安定了下来，她在弟弟家中将养着病体，并且继续完成《金石录》的编撰工作。

虽然此时李清照已经年过半百，但她的才女之名可以说是天下皆知，更何况她与赵明诚曾收集了那么多金石文物，早就让他们声名远播。

李清照此时已经失去了赵明诚的庇佑，身为一个弱女子，一直依靠弟弟也不现实，想要真正地安定下来就必须有一个家。

所以李清照从心里渴望能有一处可以安身立命的场所。但她已年近五旬，两鬓斑白，再加上这一连串的打击，让她的眉间过早地留下了岁月的痕迹。

她渴望有个家，她曾经拥有过最好的，余下的生命自然是不能将就。因此，虽然慕名前来渴望与她相见之人甚多，却无一人能入得了她的眼。

可能冥冥之中早有注定，就在这时，有一个人走进了李清照的世界，他的名字叫张汝州。此人官任右奉承郎监诸军审计司（军队中负责财务审计和审核），虽然只是一个七品官员，但职位相对来说很重要。

李清照曾给翰林学士綦崇礼写过一封感谢信，这封信的题目是《投内翰綦公崇礼书》，她在这封信中详细地写了她与张汝州的纠葛。

开始张汝州是主动接近李清照的，加上他巧舌如簧、花言巧语的表演，表面上又表现出特别关心她的样子，因此李清照和李迒一时都被他给骗了。

长时间的飘零让李清照身心俱疲，再加上她亦不能一直跟随弟弟生活，她需要有个家才能彻底安稳。因为赵明诚的离世，让她感觉空虚寂寞冷。而张汝州恰恰在李清照最脆弱的这个时期出现了。

再加上张汝州特别工于心计，他处处关怀、体贴李清照，让处于虚弱和孤独中的李清照感受到了家的温暖。

一个女子毕生所求的是什么呢？不过是一份安稳啊！这些日子李清照担惊受怕，四处漂泊，见惯了人情冷暖，哪怕曾经骄傲如她，亦被磨平了棱角，心中渴望的不过是一份关怀而已。

就算弟弟一家待她尚好，但那种关怀并不能深入她的内心。因此，她的心底依然是空虚寂寞的。

疲惫不堪的李清照因为贪恋这份难得的温暖与平静，就这样阴差阳错地答应了这门亲事。

大雁南归，它们在云际徘徊哀鸣，逐渐消失在碧空之中。窗外又飘起了纷纷扬扬的雪花，室内的暖炉升起了一缕薄烟。在昏暗的烛光照耀下她头上的凤钗闪着明亮的光芒，凤钗上装饰的人胜饰显得那么轻巧。

响了一夜的号角一声声催着晓色，看滴漏已经是黎明时分了，又是一夜未眠，转眼间天光就已经大亮了。窗外寒意阵阵袭来，尚在早春时节，还有清冷的西风阵阵，正是春风料峭时，花儿感知到寒冷，又怎么会争奇斗艳地开放啊！

“归鸿声断残云碧，背窗雪落炉烟直。”早春时节，鸿雁归来，李清照听着鸿雁的阵阵哀鸣声，心中感慨万千。站在窗前听归鸿、望云碧便开始思念起故乡。不知道归来的鸿雁能否传来故乡的信息，诗人站在窗前想找寻鸿雁的身影，可是被一片碧云遮住了目光。不一会儿天空中飘起了雪花，室内升起了一缕炉烟，一切都显得那么静怡美好。怀念起故乡，怀念起逝去的亲戚，眼前的场景越发映衬出她形单影只的凄凉。

通过听归鸿、望云碧联想到乡愁，似乎成了唐宋时期作品的规律。例如，黄庭坚在《青玉案》中写道："烟中一线来时路。极目送，归鸿去，第四阳关云不度。"贺铸在《迎春乐》中这样写道："深折梅花曾寄远。问谁为、倚楼凄怨。身伴未归鸿，犹顾恋、江南暖。"苏轼在《惠崇春江晚景》中这样写道："两两归鸿欲破群，依依还似北归人。遥知朔漠多风雪，更待江南半月春。"

"烛底凤钗明，钗头人胜轻。"《荆楚岁时记》："剪彩为人，或镂金箔为人，以贴屏风，亦戴之头鬓。又造华胜以相遗。"温庭筠亦在《菩萨蛮》中这样写道："水精帘里颇黎枕，暖香惹梦鸳鸯锦。江上柳如烟，雁飞残月天。藕丝秋色浅，人胜参差剪，双鬓隔香红，玉钗头上风。"

汉东方朔在《占书》中有记载，正月一日为鸡，二日为狗，三日为猪，四日为羊，五日为牛，六日为马，七日为人，八日为谷。所以正月初七为"人日"，相传女娲娘娘在创世的时候，先造了鸡、狗、猪、羊、牛、马等，于第七日造出了人，因此这一天被定为"人日"，人们在这一天祈福庆安，就连当朝皇帝也会在“人日”这天赐给群臣金彩人胜，可见对这个节日的重视。

如此盛大的节日，锣鼓喧天，一家人围在一起登高饮酒赋诗，好不热闹。

往日在这个时节，赵明诚都会亲手把华美的人胜插在她的发间，他们一起登高，一同开怀畅饮，那个时候是多么热闹和幸福啊！

可如今呢？只剩她孤零零一人坐在昏暗的灯光下，就连凤钗之上点缀的人胜都显得那么轻，那么轻。

“角声催晓漏，曙色回牛斗。”远处传来阵阵号角声，看滴漏的时间应是破晓时分了，诗人在窗前枯坐了一夜，斗转星移间便已天光大亮。

“春意看花难，西风留旧寒。”虽然早春已经到来了，但西风萧萧，卷着寒冷拍打着窗楣，正是春寒料峭之时，若想等到春暖花开那一天，怕是还要等待一些时日吧！

南宋虽然获得了片刻的安宁，但若想恢复以前的那种国泰民安，怕是还要等待许久吧？

李清照望着镜中斑白的双鬓，心中感慨万千，不知道自己老迈的病体，还能不能有归去故乡的那一天。若是如鸿雁一样能传信该有多好，那样不管那人去往哪里，至少还能捎回他的信息。

号角催天明，西风留旧寒，而岁月它催人老啊！

李清照把心中对故乡的思念，把孤身一人的悲苦，把对美好生活的期待都隐藏在这样一首小诗里。

身处异乡之人，最害怕的就是过节，每当到了节日之时，瞧着身旁之人一个个满心欢喜地去过节，就预示着自己又要孤身一人了。

所以每每此时，人就处于最脆弱的时期，心底就最渴望能有一个属于自己的家，渴望来年过节不再是孤苦一人。

许是如此，张汝州才能在李清照孤苦无依的情形下，这么容易就走进了她的生活。

她以为她将要迎来新的幸福，却不知这只是为了另一场悲剧而拉开的序幕。

第四节　揉破黄金万点轻

揉破黄金万点轻，剪成碧玉叶层层。风度精神如彦辅，大鲜明。

梅蕊重重何俗甚，丁香千结苦粗生。熏透愁人千里梦，却无情。

——《摊破浣溪沙·揉破黄金万点轻》

十月尾已至深秋，关于温暖的记忆越来越模糊，留在指尖的余温，也无法触及那些遥远的记忆，偶尔想起的不过是那时的欢愉，以及多年后我们日渐沧桑的容颜。

时常揣想，当时间镂空了记忆，遗落在风中的是那日的温情，还是今时的纯真抑或那些回不去的，不只是青春，还有心底曾有过的执着。

薛涛写道：“水国蒹葭夜有霜，月寒山色共苍苍。谁言千里自今夕，离梦杳如关塞长。”离别本就伤感，偏又选在深秋，蒹葭夜有霜，如此凄凉的景色，怎能不让人感伤？

虽身在红尘，却想寻觅一份超脱世俗之外的情感，无关名利，亦无关风月，就像左手与右手相握，仿佛熟识了许久，脸上波澜不惊，心底早已荡起涟漪，勾勾手指便是约定，从此天涯海角，紧紧相随。

多么美的梦境，却被现实一次次击得粉碎，终于明了自己不过是他人手中一颗棋子时，岁月已沧桑了容颜。

哪怕低至尘埃，也无法换得那人一丝怜悯，不如华丽转身，独守在桃花河畔，日复一日，直至那人离世，也愿从容地跟随了去，生不能相随，死定相依，如此的情感，有谁还能质疑？

秋雨绵绵，缠绵得让人不忍抗拒，仿若伊人眉间若隐若现的红梅妆，妩媚而忧郁，似一双含情的眸子，期待远行的良人。那种欲说又止的无奈与辛酸，化作一滴清冷的眼泪，缓缓滑过苍白的容颜，打湿了谁的心事。

与张汝州结婚，初始李清照的内心是带着些许欢喜的。那人温文尔雅，一表人才，又细心呵护，人到暮年若能与这样的人相处，亦可说是一桩良缘了。

正当她为此暗自庆幸的时候，现实却给了她一个响亮的耳光，彻底打散了她心中仅有的一点温存。

两人成婚不久，张汝州便发现李清照并无传说中的大批金石，因此失望之余便对她冷落至极。并且用尽手段觊觎李清照手中仅有的金石文物。

李清照也很快发现自己被张汝州的花言巧语骗了，他在学识修养等方面完全不能与赵明诚相比，而且是个彻头彻尾的坏蛋，品行极其败坏。

李清照在给綦崇礼的信中，说张汝州之所以花言巧语哄骗着与她成婚，并不是看中了她这个人，而是看中了她手中尚残存的珍贵字画与文物。他打着感情的旗号，其实算计的是李清照身边的这些东西。

为了逼迫李清照交出仅有的金石文物，张汝州竟然对她拳脚相加，非打则骂，完全露出了他本来的无耻面目。

经历了一系列事情之后，李清照本已身心俱疲，好不容易又有了一个家，正满心欢喜地想要好好经营的时候，却发现在那个人温文尔雅的背后，竟然是如此粗鄙的一面，骄傲如她，情何以堪?

李清照在《投内翰綦公崇礼书》中写道：“视听才分，实难共处，忍以桑榆之晚节，配兹驵侩之下才。”说起来真是后悔啊！只怪自己当初没有认真了解就匆忙地答应嫁他了，谁知婚后才知道我与他根本不是一个类型的人，完全没有办法在一起生活。想想真是后悔啊！清白了一生，没想到到了晚年却把自己许配给了这么一个肮脏低劣的市井之徒。

她亦说道："身既怀臭之可嫌，惟求脱去，彼素抱璧之将往，决欲杀之。"我再也不愿跟那个满身铜臭、虚伪肮脏之人在一起生活了，如今只想快一点离开他，若是再不离开他，为了谋取我身边的金石文物，说不定哪一天他就把我杀了。

张汝州为了逼她交出金石文物，在家中经常对李清照拳脚相加。在张汝州的眼里女子本就是"嫁鸡随鸡嫁狗随狗"，只要与他成了婚，就变成了他的私有财产，量李清照顾惜名声，也不敢声张。

然而李清照并非寻常女子，等她看清楚了张汝州的豺狼一面以后，果断地下定了决心，她要离婚。

李清照决定离婚的时候，距离他们成婚不过百日。李清照生于书香门第官宦之家，又嫁入赵明诚这样的官宦门第，再加上才华出众，众人皆知。因此，她离婚的举措简直就是一石激起了千层浪。

张汝州亦没想到李清照竟然有悖常理地主动提出离婚，要知道在当时离婚的主动权是掌握在男子手中的。而且张汝州之所以费尽心机与李清照结婚就是为了得到她手中的文物，如今目的没有达到，他怎肯轻易罢休。

在那样一个重视礼教的封建社会，如果妻子要跟丈夫离婚，丈夫不同意的话这婚是没有办法离的。

但聪慧如李清照，她见离婚这条路走不通，为了摆脱张汝州的纠缠，就以"妄增举数之官"的罪名把张汝州给告了。按照宋朝的科举制度，参加考科举之人必须严格按照考试、考核的规定次数才能获得朝廷的恩赐。但张汝州在这个过程中，虚报了考试的次数，骗取了官职。

李清照在给綦崇礼的信中说，这件事情当时闹得非常大，就连宋高宗都被惊动了。后来经查实，张汝州的罪名属实，因此被革去了官职，发配到柳州去了。

按照宋朝律例，如果丈夫被发配，妻子就可以提出离婚。但如果妻子状告丈夫，而且丈夫确实有罪的话，那妻子也要坐两年牢。既然李清照有心与张汝州离婚，她又怎会不知道这条规定。

因此可见，李清照为了摆脱张汝州的纠缠，她亦是以性命相抵了。能让一个女子拼尽性命也要离开之人，可想而知是何等的粗鄙不堪。

想当初李清照因为思念赵明诚为之写下了多少诗句，哪怕他已离世多年，为了保护他珍爱的金石文物，李清照还愿意为之拼尽性命，那又该是怎样一番情意呀！

可惜，如张汝州这等精于算计之人，又如何能够明白李清照心中所想！

好在李清照在众人的帮助之下，仅坐了九天牢就出来了。这短短的一百天成了她留一生的缺憾。

桂花金黄的色彩星星点点，桂树的叶子层层叠叠就像是用碧玉裁剪而成的一般。桂花的“风度精神”就似晋代名士王衍和乐广一样儒雅风流，声名远播。

与桂花相比，梅花只注重外表，它那艳丽的颜色、层层相叠的花瓣，像极了那些搔首弄姿的女子，让人感觉粗俗不堪。丁香花一簇簇拥在一起又显得太小气，一点也不舒展。桂花的阵阵香气，扰了我的梦境，把我从怀念的旧梦中惊醒了过来。桂花虽然美丽，但我只有在梦中才会与久别之人重逢，就这么把我惊醒，是不是太无情了些？

月朗星稀，窗外的桂花树枝影影绰绰倒映在纱帘之上，摇曳着身姿。异乡的夜色是如此的静谧、宜人，就连窗外的桂花都不遗余力地绽放着幽香。

若是往日见到这样的情景，李清照心中定然是欢喜的。时至今日，她日渐浑浊的眸子中再也流露不出那时的欢愉。落叶尚有归根之时，她的故乡却再也回不去了。

时过境迁，她又再嫁他人，经历过那样一段痛苦的岁月，连带着在梦中与赵明诚相见都会心生悔意吧！

怀揣着满腹的心事，又是一夜未眠。她倚在窗前向外望去，便瞧见金黄色的桂花，开在一丛丛如碧玉裁剪而成的绿叶之中，娇嫩得让人心生嫉妒。

明明是满腹的心事让人难以入眠，但诗人偏偏要怪是桂花“熏透愁人千里梦”。李清照对于桂花一向不吝笔墨地赞叹，如今却责怪它的香气扰了她的千里梦，她曾如此执着于他的温文尔雅、温暖体贴，到头来那人却翻脸无情，连一点回忆都不肯给她留下，又是何等的无情啊！

曾经是那么贪恋在黄昏的雨中与你相携着漫步，说些不快，说些过往，说一些无关痛痒的话题。

一个街口，又一个街口。

星子一定躲在云层后微笑，弯月一定透过云层温暖地张望。

可如今只剩她形单影只，在这世间备受欺凌，而那人再也不会微笑着护她周全。

虽然相隔多年，但是她依然相信，那白衣少年一定守在浣花溪畔，在浣花笺上一遍遍画着桃花，桃花旁边用蝇头小楷写着一行情诗：“朝暮共飞还，同心莲叶间。”

第五节　物是人非事事休

风住尘香花已尽，日晚倦梳头。物是人非事事休，欲语泪先流。

闻说双溪春尚好，也拟泛轻舟。只恐双溪舴艋舟，载不动许多愁。

——《武陵春·春晚》

像李清照这样的女子若不是因为生活所迫，怎么会走上再嫁这条道路。想来她再嫁之时也是希望从此能遇上一个良人，白首到老。

但现实与她开了一个大玩笑，让她经历过幸福到极致的婚姻之后，又让她经历了一段犹如噩梦一般的痛苦婚姻。

最后她不惜用两败俱伤的方式才摆脱了张汝州的纠缠。这段婚姻虽然结束了，但在当时的士大夫圈子里，引起了极大的轰动。

宋代理学家程颐说过：“饿死事极小，失节事极大。”司马光也曾说过一句话，叫“贞女不更二夫”。在当时主流的伦理思想道德面前，人们是极度不理解李清照这种所作所为的，因此纷纷对她冷嘲热讽。

虽然当时也有很多人为李清照发声，但他们都极力否认有这样的事情，从此等角度为李清照辩护。这些维护李清照的人与那些批评李清照的人，站在了同样的道德观念之上。

他们觉得李清照不应该以这种形象出现，她应该以儒家传统思想中那种美好的形象出现在大家面前，因此他们努力想把李清照拉回传统的道德观念中来。

离婚以后的李清照无枝可依，只能又回到弟弟李迒的家中，在弟弟的庇护下，勉强为生。

一个人面对那些迎面而来的狂风暴雨，有多少次在黑暗中默默哭泣，用柔弱的肩膀独自承担了所有。

这个时候，李清照的金石文物已经丢失得差不多了，又没有其他经济来源，所有的生活只能靠着弟弟一家。

以她这种性格应当是极度不想成为别人的累赘的，可偏偏晚年的她坠入这种尴尬的两难境地。

开篇词《武陵春》写于李清照避乱金华之时，当时李清照已经50多岁了，经历了国破家亡、亲人离世的痛楚，又加之多年收藏的金石几乎损失殆尽，她只能含着眼泪，忍着心中的悲愤，为避兵乱只身各处流亡，其间的辛酸与痛楚，自不是外人所能体会的。

李清照的作品分前后两个时期，前期的作品主要以闺怨离愁为主，词风清丽柔媚，如“昨夜雨疏风骤，浓睡不消残酒。试问卷帘人，却道海棠依旧。知否，知否？应是绿肥红瘦”“常记溪亭日暮，沉醉不知归路。兴尽晚回舟，误入藕花深处。争渡，争渡，惊起一滩鸥鹭”。

而后期的作品则充满了浓重的伤情调，处处体现了“物是人非事事休”的无奈与伤感：“满地黄花堆积，憔悴损，如今有谁堪摘？守着窗儿，独自怎生得黑？梧桐更兼细雨，到黄昏，点点滴滴。这次第，怎一个愁字了得？”“中州盛日，闺门多暇，记得偏重三五。铺翠冠儿。捻金雪柳，簇带争济楚。如今憔悴，风鬟霜鬓，怕见夜间出去，不如向、帘儿底下，听人笑语。”等等，都是不可多得的精品之作，被后人广为流传。

“物是人非事事休，欲语泪先流。”真正读懂这句词，是在一个飘雪的冬夜，因为独守着异乡清冷、妖冶的月光，心里枉生了许多愁绪。

云朵如撕碎的心事，伴着新年临近的脚步声，越发纷乱，沉甸甸地积压在胸口，随着每一次呼吸反反复复疼痛，揪扯着一颗脆弱的心。

选了一首雅致的曲子反复播放，听那琴音叮叮咚咚，思绪如喷涌而出的泉水，越是压抑，越是躁动不安。

于是，便如妇人般理着记忆纤细的末梢，一遍遍咀嚼着曾经的酸甜苦辣，直到一股温热的液体从眼中滴落到冰凉的脸颊上，才收回缥缥缈缈的思绪。

许是，与“每逢佳节倍思亲”无关，那份想念一直在心底滋生，直到郁郁葱葱，遮盖了关于过去的一切，只留下一些散碎的画面，快乐的抑或不幸的，此时都已那样的模糊。

只有泪光在月色下闪烁，伴着心头仅有的温暖沉沉入睡，梦中岁月竟已经过了千年，我能记住的只有你的好。

如此，当初又何必苦苦纠缠，使一颗火热的心千疮百孔。

《武陵春》是一首小令，词牌名。又名《武林春》《花想容》。源自陶渊明《桃花源记》载武陵渔人入桃花源的故事。

风住尘香：落花化为尘土，而芳香犹在。

陆游在《卜算子·咏梅》中写道：“驿外断桥边，寂寞开无主。已是黄昏独自愁，更著风和雨。无意苦争春，一任群芳妒。零落成泥碾作尘，只有香如故。”

驿站外的断桥边，一棵无主的梅花寂寞地开放着。已是黄昏时分，梅花因为无人欣赏而独自忧愁，恼人的风和雨还在无止境地摧残，更增几分凄凉。

梅花选在寒冷的早春开放，并非有意争夺春光。即使零落成泥，清香亦依然如故。

这句“零落成泥碾作尘，只有香如故”与“风住尘香花已尽”有着异曲同工之妙。

一句“风住尘香花已尽”写明了已是暮春时节，曾经一树的繁华，都随着微风细雨零落成泥。恨也好，怨也罢，所有的想念不过是过眼云烟，站在时间的彼岸，能望见的也只是那条崎岖的小路，以及路边繁茂的彼岸花，花叶两不相见，生生相错。

那该是怎样一种凄美的景致，风卷起乱红，挥霍着仅存的温暖，飘飘摇摇，似不食人间烟火的仙子坠落凡尘，那么义无反顾地亲吻着泥土。尘香风住之后，落红无数，花已沾泥，化为尘土，所余痕迹，但有尘香。

蓦然回首，那人却不在灯火阑珊处，一样的景致，一样的情愫，只是那人已不再等候。空有满腹华美的诗章，化作一江春水向东流，去了、去了……

我们可以回到起点，却已不再是昨天。

不禁想起《大笑江湖》里的一个片段：小河边庭院深深，夜风习习，琴声铮铮，轻纱在风中摇曳，树影在夜色中婆娑，一个姑娘婉约的背影，在月色下忘情地拨动着琴弦。

那一刻莫名就心动了，全然忘记了搞笑的情节，画面延伸，仿佛长亭的尽头站着一个白衫男子，唇红齿白，笑颜如花，执一把翠绿的竹笛，远远和着琴音。

彼岸灯火通明，映着两人痴痴的面容，竟恍如隔世。

想来，女人如花，花似梦，如果这人生美如一曲婉转的琴音，只希望由你来和。

记忆中的画面一转，李清照那略见佝偻的背影又出现在眼前，夜深露重，伊人低眉垂首，怜惜一地的落红，垂泪到天明。

良人啊良人，曾几何时，我竟也开始多愁善感了，是因为你已不在身边了吗，还是因为寂寞催人老？

这首词上阕写尽所见景色之惨淡，诗人心中之凄苦，下阕笔锋一转宕开来。

双溪，浙江金华的风景名胜之地，诗人本想前去游玩，希望借此消除心底的愁苦之情。

想来诗人早年是极其喜好游玩的，才子佳人相携，泛舟湖面，你吟诗，我作赋，举杯邀月羡煞了多少旁人。

许是那些曾经的美丽，如一朵开在心中的罂粟之花，不见了想，见了又痛入骨髓。

诗人心中郁积的愁苦之情何其深，又岂是泛舟一游就能消逝的呢？也不是借酒消愁愁更愁的自欺欺人，反而勾起了心中压抑已久的思念，折磨得一颗心生生碎了，再也无力去捡拾。

恰如李煜在《虞美人》中写的那样：“问君能有几多愁？恰似一江春水向东流。”

喜欢一首曲子，竟变成了痴，行走时总是不经意地想起——你是如何回忆我？带着笑，或是很沉默……

就像喜欢一个人，没有来由的，或许因为一句话，又或许仅因为一个眼神，时间便已定格在初相识的那一刻，就算耗尽了千年的光阴，也未曾改变。

开始怀念一场雨季，草长莺飞，烟雨朦胧，那种江南特有的美丽，在诗人笔下，醉了千年的光阴。

或许，我该穿着前世的紫衣，流连于西子湖畔，这样就能酝酿一场蓄谋已久的相遇。

又或许，我该义无反顾地喝下那碗孟婆汤，从此两两相忘于江湖，开始新的生活。

假如人生本就是一场戏，那么请让我们盛装登场，在人群中，你认不出我，我亦认不出你，在擦肩而过的瞬间，只须倾听彼此的心跳，幸福便开始蔓延。

第六节　暮云合璧，人在何处？

落日熔金，暮云合璧，人在何处。染柳烟浓，吹梅笛怨，春意知几许？元宵佳节，融和天气，次第岂无风雨。来相召、香车宝马，谢他酒朋诗侣。

中州盛日，闺门多暇，记得偏重三五。铺翠冠儿，捻金雪柳，簇带争济楚。如今憔悴，风鬟霜鬓，怕见夜间出去。不如向、帘儿底下，听人笑语。

——《永遇乐·落日熔金》

少年时曾痴迷一句话，“这次远行，带出去的是我的心，回来的却是我的人。”那时离家不久，尚不能品味思念亲人的滋味。

那颗蠢蠢欲动的心急剧膨胀，把心里那一点点乡愁，挤压得变了形，统统抛到了脑后。还是好友带来的消息，告知了家人的牵挂。再读这句话，一颗心仿佛在一瞬间就被掏空了。

呆愣片刻之后，眼泪便开始肆无忌惮地宣泄，不可抑制。若干年后，我们都不再年轻，对于家乡的记忆，却越发地清晰。每每梦中醒来，母亲呢喃着唤着我的乳名，声声犹在耳边。

闲暇时翻阅李清照的诗词，思乡的部分成了我的偏爱。夜深人静读来，看皎洁的月光落在树梢上，听徐徐的风轻抚着嫩叶，沙沙作响。这时遥望着家乡，才能深刻体会离人的那份深情。

有家归不得，思念的人也已殊途，拖着日渐衰老的躯体，不留心和元宵佳节撞了个满怀，惊起了日积月累的相思。

绍兴九年（1139）正月，宋金两国议和意见终于达成一致，宋高宗赵构因此大赦天下，让动乱已久的岁月，渐渐又恢复了宁静。

元宵佳节本应该是阖家欢乐的，奈何游子迟迟不归，抑或思及遭遇了战争，国破又家亡。这时守着心里点点余温，放在心尖上暖着，生怕呵口气思念就会化成云烟，转瞬间消失不见。

于是就有了《声声慢》《永遇乐·元宵》这样的千古佳

句，读在游人口中，更觉酸涩。

如果还有可等、可想、可怨的那个人，还可以感谢上苍让我们相遇。如今我如浮萍般风雨飘摇，孤苦伶仃，面对如此繁盛的节日，你让我情何以堪。

犹记得，那时我们相约游汴京的繁盛时光，细描眉，巧着装，巧笑倩兮，美目盼兮，紧紧依偎在你的身旁，引来多少游人的目光。

你就那样牵着我的手，脸上带着温存的笑容，眼睛里只有我，那时的我们是多么惹人羡慕。

如今，温暖的记忆犹在心头，但物是人非事事休，国亦不是国，家亦不是家，空留对你的记忆在心头缠绕。

你看，江南的落日平添了几分金色，一片赤红璀璨，比之家乡的夕阳更多了几分艳丽。傍晚的云霞似披着彩衣的仙子，围着碧玉一样的圆月。

夕阳映红了明月，笼罩着喧闹的临安城，恍然间又回到了中州盛日。

你看那边画舫上依然轻歌曼舞，你看那边诗人依然击节高歌，你看江南的春日如此多娇，只是我的家啊，犹在远方。

国破山河碎，多繁荣的景象都是徒有其表，然而醉生梦死的人们，正在慢慢腐烂，一点一点腐蚀着残缺的江山。

行人穿着彩衣，提着红灯，彼此间欢声笑语，似乎已经忘记了国仇家恨。

我多想融入其中，只是思念你的心揪扯着目光，在人群中茫然地找寻，离人你“人在何处”？

浓浓的雾霭笼罩着烟柳，不觉间似又绿了几分，原来春天在离人的愁绪中，悄悄到来了。

画舫中是谁吹奏着《梅花落》的曲调，声声哀怨缠绵。不禁放目远眺，只见烟波浩渺，苍穹如洗，残阳似血，美得令人心碎。

一阵风吹来，身旁的梅花星星点点飘落几许，侧目间才发现，原来梅花在不知不觉间已经掉落了。

伴随着远处凄婉、哀愁的笛声，更是让人心碎。如此美丽的春景，看在游子眼中，仍是失落。不禁悲从中来，感慨万千：“这眼前的春色，究竟深几许？”

眼见佳节良辰，我是不是应该肆意地畅游一番，什么国仇家恨统统抛到脑后，忘情地醉一场，也许能忘记许多愁。

莞尔间遥望家乡，那一股乡愁，顿时扑灭了心中的一点余温，眼前的繁荣不过是一种假象而已。如此晴朗的天气，难道就没有风雨了吗？

有异乡好友，慕我虚名，驾着香车、宝马相邀，嘱我暂且忘记过往，循着春天的脚步纵情醉一场又何妨？

我笑得凄凉，浓酒的麻醉只是自欺欺人，心底的记忆更是牢牢生根发芽，任凭四季转换，也丝毫无法忘却。

如此良辰美景，又何苦因为我这般没有情趣的人煞了风景？百花争艳又如何？谁又能许我一个依然憧憬的梦。

许是心已到暮年，开始想念留在中州时那些愉悦的日子。

待字闺中的日子多有闲暇，每逢正月十五闹元宵，就约上三五闺中好友，精心打扮一番。

嵌插着翠鸟羽毛的时兴帽子和金线捻丝所制的雪柳，打扮得妩媚、娇俏，引得王孙公子一路相随。我们自顾自地游玩，免不了一场低声嬉笑，抛了一地尴尬，和身后相随的人撞个正着。

偏偏双颊绯红，含羞扯着宫纱遮住面颊，引得行人驻足侧目，忘乎所以。

想到这里唇角露出些许笑容，随即镜中一张惨白、憔悴的面容，顿时把刚刚浮上来的笑意击得粉碎。原来欢愉的日子早已远去，如今我已近迟暮，孤身走过了多少日子，竟已不记得了。

想想以后无数个寒夜，不禁齿寒，唯一能够温暖的，怕也只有这些遥远的记忆。一个老妇佝偻着身躯，一步一步踩在才露头的嫩芽上。

春天已经到来，我却日渐老迈。枯草可以逢春，青春去了，终不再回，想想那该是怎样的一种凄凉。

“如今憔悴，风鬟霜鬓，怕见夜间出去。”经历了国仇家恨，夫亡亲逝之痛；由青春年少，到暮年华发；从大好山河，到偏居一隅。面对如此愁苦，我也只能漠然，守着如此美妙、难得的节日，也懒得出去。

怕只怕窗外的喧闹，挑起心底对往昔的记忆，平添几多愁。一边却又不可抑制地思念昔日的繁华，两种情绪在心底纠缠，心若落红，千千点点，如一地残梅，道不尽的凄凉。

守着繁华笑语，我也只能隔着帘纱，倚着回忆的肩膀，思念那些远去的岁月，时而微笑，时而悲戚。

一边是沦陷后的绝望，一边是残喘下的繁华，面对此情此景，怎不叫人痛断肝肠。

曾经的富庶和繁华在后人的叹息中轰然倒塌，偏居一隅也只是繁华一瞬，恰恰印证了李清照的命运。是机缘巧合，还是命中注定，注定要生在那样一个乱世，一边遥忆着繁华、富庶，一边却要接受无情的颠沛流离。

许是命运捉弄，给了诗人前半生的幸福，却不肯把美丽延续。“弹指间灰飞烟灭”，曾经的繁华凋零成尘埃，随着偏居的雨淅淅沥沥下个不停。

宋朝的雨啊！安静、缠绵，落在诗人的眉头却是“梧桐叶上三更雨，叶叶声声是别离”。

落在女子的眉间更是“寂寞深闺，柔肠一寸愁千缕。惜春春去，几点催花雨”。

第七节　仿佛梦魂归帝所

天接云涛连晓雾，星河欲转千帆舞。仿佛梦魂归帝所。闻天语，殷勤问我归何处。

我报路长嗟日暮，学诗谩有惊人句。九万里风鹏正举。风休住，蓬舟吹取三山去！

——《渔家傲·天接云涛连晓雾》

枯木、衰草及朦胧的海面，隆冬即将来临，候鸟已经启程南飞，唯独我还在异乡流连，一年复一年。

曾几何时，不管是过去抑或未来都成为一场不能触及的伤痛，就像枯池里的浮萍，最终走到了尽头，摇曳着枯瘦的枝叶，贪恋着最后的温存。

曾经的咫尺天涯，到如今的天涯咫尺，也不过是一朵花败的时间，从偶遇的忐忑，到相知的喜悦，都仿佛夹在手指间的烟灰，弹指就会灰飞烟灭。

曾经的誓言犹如不适宜的花期，孤零零矗立在冷风中，任谁也不肯回顾。

都说“人生如戏，戏如人生”，在那浓重的油彩背后，又有谁能看清一张泪脸，偏偏在别人的故事里流着自己的眼泪。

又有谁在上演华丽的剧目，赋予一场动人的爱情，而心底不过是结着厚厚的冰冻，就算温暖如三月的阳光，亦不能融化分毫。

此时的李清照在经历过第二次婚姻的失败，在经历过常人不能及的痛苦之后，还能从个人的感情中挣脱出来，关心国家的命运，继续编写《金石录后序》。

绍兴三年（1133）五月，朝廷委派两个大臣吏部侍郎韩肖胄、工部尚书胡松年出使金国，以慰问宋朝被俘的两个皇帝宋徽宗和宋钦宗为由，去探听金国的虚实。此一去福祸难料，稍有差池便是一条不归之路。

李清照听闻此事以后，慷慨激昂、满怀热情地创作了两首诗为二公送行：

上枢密韩公、工部尚书胡公

绍兴癸丑五月，枢密韩公、工部尚书胡公使虏，通两宫也。有易安室者，父祖皆出韩公门下，今家世沦替，子姓寒微，不敢望公之车尘。又贫病，但神明未衰落。见此大号令，不能忘言，作古、律诗各一章，以寄区区之意，以待采诗者云。

三年夏六月，天子视朝久。凝旒望南云，垂衣思北狩。
如闻帝若曰，岳牧与群后。贤宁无半千，运已遇阳九。
勿勒燕然铭，勿种金城柳。岂无纯孝臣，识此霜露悲。
何必羹舍肉，便可车载脂。土地非所惜，玉帛如尘泥。
谁当可将命，币厚辞益卑。四岳佥曰俞，臣下帝所知。
中朝第一人，春官有昌黎。身为百夫特，行足万人师。
嘉祐与建中，为政有皋夔。匈奴畏王商，吐蕃尊子仪。
夷狄已破胆，将命公所宜。公拜手稽首，受命白玉墀。
曰臣敢辞难，此亦何等时。家人安足谋，妻子不必辞。
愿奉天地灵，愿奉宗庙威。径持紫泥诏，直入黄龙城。

单于定稽颡，侍子当来迎。仁君方恃信，狂生休请缨。
或取犬马血，与结天日盟。
胡公清德人所难，谋同德协必志安。
脱衣已被汉恩暖，离歌不道易水寒。
皇天久阴后土湿，雨势未回风势急。
车声辚辚马萧萧，壮士懦夫俱感泣。
闾阎嫠妇亦何如，沥血投书干记室。
夷虏从来性虎狼，不虞预备庸何伤。
衷甲昔时闻楚幕，乘城前日记平凉。
葵丘践土非荒城，勿轻谈士弃儒后。
露布词成马犹倚，崤函关出鸡未鸣。
巧匠何曾弃樗栎，刍荛之言或有益。
不乞隋珠与和璧，吸乞乡关新信息。
灵光虽在应萧萧，草中翁仲今何若。
遗氓岂尚种桑麻，残虏如闻保城郭。
嫠家父祖生齐鲁，位下名高人比数。
当时稷下纵谈时，犹记人挥汗成雨。
子孙南渡今几年，飘零遂与流人伍。
欲将血泪寄山河，去洒东山一抔土。

想见皇华过二京，壶浆夹道万人迎。
连昌宫里桃应在，华萼楼前鹊定惊。
但说帝心怜赤子，须知天意念苍生。

圣君大信明如日，长乱何须在屡盟。

因为此行非常危险，所以李清照非常关心这件事，但是身为女子，她没有资格前去为这两个人送行，只能写下这两首慷慨激昂的诗句为二人送行，顺便也表达了自己对金国的一些独到见解。

李清照在诗中写道：韩肖胄与胡松年二人为了国家将个人与家庭的安危置之度外，毅然前往金国，这样的人可谓朝廷的榜样，应当号召人们争先效仿，他们出使金国就像当年荆轲刺秦王一样慷慨壮烈。“车声辚辚马萧萧，壮士懦夫俱感泣……”

在如今国难当头之际，使者们肩负着朝廷的使命，不畏艰难、不惧生死地出使金国，国人们都应该为他们这种精神而感激涕零。

通过李清照的这首诗我们可以看得出来，她对韩肖胄与胡松年这两个人的品行非常了解。若非因为女儿身，可能早就弃笔从戎，慷慨奔赴沙场了。

这也是李清照与众不同之处，身为一个女子，她并没有被那些封建礼教所束缚。在此等窘迫的环境之下，还能时刻关心国事，发表自己独到的见解。

可见，此时已经年迈的李清照一面怀念故乡，孤独地思念赵明诚；一面又时刻关心着国事，关心这些出使之人的安危。一面尚有女儿家的似水柔情，一面又有着男人的坚强、刚毅。

虽然生活一再给她痛苦和磨难，但依然没有打垮和消磨她身上的光辉，就算鬓角已经斑白，她也依然是那个浑身带着闪光点的李清照，初衷从未改变。

李清照因为局势发展所迫，不得已离开了金华，又辗转来到了杭州。赵明诚去世以后，她饱尝了人世间的酸甜苦辣与流离失所之苦。

这所有的痛苦与辛酸，她无处可诉，只能把这些哀思化作一首又一首的诗词。

水天相连之处云涛阵阵。晨雾蒙蒙，银河在云雾之中转动，仿佛数千只船帆在翩翩起舞一般，就像是梦中来到了天庭。听到天帝和我对话，他非常热情地问我要去往哪里。

我跟天帝汇报此番路途漫长且坎坷，现在已是黄昏了，还未能到达呢！虽然我会写诗，但是能写出惊人的诗句又有什么用呢？亦无法把我心中对你的思念，写出十分之一。

大鹏扶摇直上九万里。这好风啊切莫停歇，请把我这一叶孤舟，吹往蓬莱三仙岛，或许故人正在那里等着我。

“天接云涛连晓雾，星河欲转千帆舞。”水天、晨雾、云涛、银河、风帆，诗人通过“接”和“转”两个动词有效地把它们连接在一起，形成了一幅绝美的画卷。

如此美景，诗人昔日都是与赵明诚相拥着来欣赏。那个时候他们曾一起构想，看天上那些闪烁的星星多像在浩瀚银河中行走的船只，只是不知道它们的起点，亦不知道它们的终点。

“仿佛梦魂归帝所。闻天语，殷勤问我归何处。”午夜梦回之中，诗人仿佛来到了天庭，天帝热情地问诗人，这是要去往何方？天帝面色温和，平易近人。

“我报路长嗟日暮，学诗谩有惊人句。”诗人告诉天帝她此去的路是那么的坎坷与漫长，就算到了日暮时分也不一定能到达。随后诗人向天帝诉苦，天下之大，就算自己满腹诗书能吟出惊人的诗句又能如何呢？一样没有她的容身之地，一样怀才不遇孤苦半生啊！

“九万里风鹏正举，风休住，蓬舟吹取三山去。”如果可以像大鹏那样扶摇直上九万里该有多好，那样就可以离开这个满是战火、伤痛的人间了。这风啊莫要停，把她一路送往蓬莱三仙岛吧！让她在那神仙居住之地自由快乐地生活吧！

想来李清照这首诗，写出了许多人的心中所想。面对生活给予的无穷尽的折磨，只想有这么一个奇遇，扶摇直上，好离开这个令人伤心痛苦之地，寻一处世外桃源，可以自由自在地生活，再也不用历尽人世间的苦楚。

但那蓬莱三仙岛终究只是文人笔下遥不可及之处，也只能在午夜梦回之时才有机会到达。

许是梦境太过美好，以至于诗人醒来时瞧着空寂、凄凉的房间，心中的酸楚被无限放大，泪水多少次浸湿了长夜，哪怕紧紧拥抱着自己也无法取暖。

这一场秋雨来得莫名，远山近水都笼罩在朦胧的烟雨之中，再也分不清哪里是海面，哪里是薄薄的雾霭。

知道你要来，便特意寻了一枚扇形的银杏叶，隔着记忆的书页小心地安放，希望物是人非时还能循着那金黄的色泽，温暖那颗早已冰冷的心。

当然这些你都不知道，因为你许了我一场瑰丽的爱情，阻隔了红尘过往，亦阻隔了俗世恩怨。

那场盛大的演出只有我和你，你唤我伊人，而我深情地望着你，轻抿唇角，微微一笑便是一首唐诗宋词。即便岁月沉淀也不会褪色，你说那该是多么美的记忆，想想便觉得温暖。

就算空守着枯灯古佛独坐一生，那场爱情也足够温暖余生了。

如果只是一场梦境，那便不要叫醒我，请让我依偎在你有力的臂弯里沉沉睡去，带着微笑，带着甜蜜。

就算无法挽留你的脚步，也请你悄悄地、悄悄地离去，不要惊扰了我的美梦，不要吵醒这一段虚构的幸福。在物是人非的折磨中老了容颜，眼底的那一抹落寞，又岂是诗人的笔触可以描写的。

那决绝离去的背影，何时才能回还。

第八节　花自飘零水自流

帘外五更风，吹梦无踪。画楼重上与谁同？记得玉钗斜拨火，宝篆成空。

回首紫金峰，雨润烟浓。一江春浪醉醒中。留得罗襟前日泪，弹与征鸿。

——《浪淘沙·帘外五更风》

是谁？把蔓延的思念，一点点揉碎了，夹在时间的缝隙里慢慢研磨，直到化为光阴里的尘埃，在暮色中开出花朵，缓缓诉说着别离。

捧着岁月的流光，跌跌撞撞地行走，身后漏了一地的，是那时的年少轻狂。如今依偎在枕边的，只有斑驳的泪痕，在银灰色的月光下，烁烁其辉。

许是此时，你正守着江南无边的烟雨，感叹着岁月流转，仰望闪烁的星星，暗自期许。又怎会知晓，或许其中一颗流星，正是我为你牵肠挂肚的眼泪。

为了追赶那一幕相逢，不远千里而来，点亮仅有的青春，只为遥望那一片烟火胜景。任凭岁月流转，时光变迁。

再无须笔触，去描写那样一段美好。曾经的岁月，紧握在你我的手中，我们只须十指紧扣，爱情就变成了一个圆。你站在起点，我站在终点，隔着彼岸的流火，痴痴遥望，于是岁月便成为永恒。

时至五更，一阵清凉的风穿过珠帘吹了进来。自从赵明诚去世之后，诗人一直浅眠，就连一阵风都能把她从睡梦中惊醒。

诗人独坐在黑暗中，看着冰冷的四周，又想起了那些遥远的往事，心中烦闷不已，想登上画楼眺望远方的家乡。但形单影只，无人陪伴，只得放弃了这个打算。

犹记得当年我们秉烛夜谈，共同研读金石文物之时，随手拔下玉钗拨弄炉中香火的情景。可如今物是人非，就连宝篆香都已燃烧殆尽了。

回首望向窗外巍峨的紫金峰，烟雾缭绕，水汽蒸腾。看着一江春水东流去，人仿若还在夜间那个美梦中，尚未清醒。

罗襦的前襟处还残留着国破、夫亡、家散的斑斑泪痕，故乡犹在远处，但亲人永离别，千言万语都化作一捧眼泪，湿了罗襟。多想拧下这些苦涩的泪水，托即将远行的大雁，给你捎去信息，即便是有了送信之人，可你又在何方啊？

“帘外五更风，吹梦无踪。”许是，人离别得久了，就连想在梦中相见都变成了一种奢望。就算拼命想记住那个人的模样，可他的模样在记忆中越发淡了。

诗人如此念念不忘，度过了多少个不眠之夜，好不容易才与那人在梦中相会，谁知到了五更天，一股恼人的凉风吹来，竟然惊醒了诗人期盼已久的梦境。

这股风不仅吹得诗人睡意全无，更是吹散了诗人心中那片旖旎的梦境，让她陡然间又跌回冰冷的现实。

“画楼重上与谁同？记得玉钗斜拨火，宝篆成空。”诗人醒来后，原本想上画楼重温昔日的温暖，但枕边空无一人，形单影只更显得凄凉。

不禁想起在金兵入侵前，那些与赵明诚相伴的日日夜夜，那些美好的时光与眼前的凄惨模样形成了鲜明的对比。从前他们在小小的画楼上凭栏远眺，饮酒赋诗，研读金石，她随手拔下发间的玉钗拨弄着宝篆香上的灰烬的情景。

那时他们夫妻二人并肩而坐，耳鬓厮磨，烹茶赋诗，她写出一句好句，他就把自己关在房中几天，想着最终可以超越她，却不承想终是比她少了那份灵动。他亦输得开怀。夫妻二人举杯邀月，那些日子好不快活。

只可惜那些记忆就像这宝篆香一般，仅需一阵风就吹得烟消云散了。诗人有的时候忍不住怀疑，那些美好究竟是梦境还是现实？

“回首紫金峰，雨润烟浓。一江春浪醉醒中。”那些往事历历在目，开怀的也好，哀伤的也罢，都在诗人心头留下了很深的印象。

物是人非，昔日的美好烟消云散。人情是如此的淡薄，她终日在惶恐中东奔西走，就连赵明诚视若珍宝的金石文物也丢失得差不多了，只余下那座紫金峰还能去回味。

赵明诚在建康城病逝，李清照因此大病了一场，虽然身体最终康复，但一半的生命都随他去了。她曾以为，只要他们夫妇携手并肩，什么样的难关都可以渡过。哪怕国破家亡，只要有他的地方就有家。

但他就那样撒手人寰，李清照才明白，失去了他，便是这天下锦绣如画，对她来说亦是一场兵荒马乱。待得她孤身一人遍尝这世间苦楚之后，她才终于明白，他曾给予了她整个生命。

她想重上画楼，去眺望故乡，眺望那些往事，但烟雾重重，笼罩峰峦，哪里还看得到中原的大好河山？诗人忍不住悲从中来，那忧愁就似紫金峰前的大江一般滚滚东去，滔滔不绝。

“留得罗襟前日泪，弹与征鸿。”自赵明诚去世以后，李清照有多少次泪洒罗襟，她孤苦无依，四处飘零，多少伤心与苦闷积压在心头。远离故土，亲人永别，种种心酸苦楚又该向谁诉说。

她只能把这些悲伤的泪水从罗襟上拧下来，朝天边的征鸿弹去。李清照望着这些天边的征鸿，多想让它们给那人捎去一封书信，但那人又身在何方啊？

忆起那些往事，诗人心底该有瞬间的温暖，只是剧痛提醒了残酷的现实。

罢了，罢了，于这混沌的现实再无留恋。

痴吟一句：“问世间情是何物，直教生死相许。”用飞蛾扑火的姿态点亮余下的生命，那一刻该是温暖的，因为我听见你说：“对不起。”一段感情演绎至此，何必还去探究谁对谁错。

绍兴十三年（1143）前后，李清照用尽毕生的心血把赵明诚的遗作《金石录》校勘整理完成后，表进于朝。

约在绍兴二十五年（1155），一代词宗李清照，满怀对逝去亲人的绵绵哀思和有家难归的无限失望，在最后那段极度凄苦、哀凉与孤单中悄然离开了这个纷乱的世界，享年73岁。

如果说李清照的前半生是一个瑰丽的梦境，那她的后半生就是一场兵荒马乱。她几乎独自尝遍了这世间所有的苦楚，却仍未改痴心。

李清照，她是生于乱世之中的一朵瑰丽的花，她清澈、亮丽、婉约、哀伤、大气，她虽柔弱、凄凉，却不是弱者，她说：“生当作人杰，死亦为鬼雄。至今思项羽，不肯过江东。”

不知那日的阳光是否也如今日这般灿烂，李清照拖着日渐老迈的身躯，缓缓挪至明媚的阳光下。这几十年来她孤苦无依地四处飘零，在这一日终于可以坐下歇歇了。

不知那日是否花团锦簇，她是否端坐在花下，又想起昔日那些欢愉的时光。她伸出枯瘦的手臂，摘下一朵花像往日那般插在了鬓间，含笑望着远方缓缓道：“究竟是我好看？还是花好看？”

她期待那人能再回答一次，可那人渐行渐远。她浑浊的眸子中露出了久违的笑容。他终于来接她了啊！她终于不再无枝可依，孤苦凄凉。

她含笑而去，至此，一代词宗诡谲多变的人生，终是缓缓落下了帷幕。

她见过汴京城中最瑰丽的花朵，亦探寻过青州最古朴的宅院，她看过金华最美的山水，她的离去让历史长河中又多了一颗璀璨的星子，时隔千年依然能照亮宋朝的星空。

此时已值隆冬时节，窗外一片冰雪茫茫，而温暖如春的室内，得以让我在子夜静寂的时分，一字一字研读这卷《漱玉词》。陡然间仿若又回到了宋朝，回到了那时的汴京，亦步亦趋地追随着李清照颠沛流离的人生。不断在她的故事里，流着属于自己的眼泪。

也许我用尽笔墨，也仅仅将《漱玉词》之中所表达的含义写出了十之一二。

但我很用心地从她的诗中走过，曾近距离触碰过她的人生，曾如此用心地爱过她，想来已足够。

尚来不及说爱她，时光便已匆匆离去，只能空守着记忆，浓妆艳抹游走在华丽的舞台之上。华灯初上，轻歌艳舞，人们戴着面具举杯邀月，击节高歌，诉说着离愁，倾诉着钟情。

我裸着苍白的容颜，一次次与她别离在这样的隆冬时节，身体倔强地停留在远方，心却早已随着她流离失所。

许是孤独得久了，便会有一种与众不同的气质，如深谷里的幽兰，独自绽放着娇艳，等有缘人前来采摘。便是错过了花期也无妨，还留有孤芳自赏的勇气，关闭心门，酝酿下一次轮回。

就算岁月苍老了容颜，你还是初见时的那般俊朗、飘逸，淡然地一笑，就黯淡了整个季节。

当离别的号角吹起，人们都义无反顾地背上行囊匆匆远去，只留下手心里的温柔还在挣扎，一次次上演曾经的欢愉，又一次次跌入万劫不复的谷底。

在希望与失望的角逐中，唯有释然过往，心才会安宁。

以观众的身份去观看、揣摩那场华丽的相遇，哭或笑都与你无关。

勇敢地一个人走路、吃饭、唱歌，一个人打着油纸伞，在雨中看着你的背影渐行渐远。

你从未回头。

是的，你从未回头。